# 인공지능의 역사

AI문고

인공지능 시대입니다. 기계가 인간의 인지를 대신하고, 사물이 인간을 통하지 않고 다른 사물과 직접 커뮤니케이션합니다. 이에 따른 인간 삶과 문명 변화를 정확히 이해·예측·대응하는 것은 이 시대 우리 모두의 과제입니다. AI문고는 인공지능 기술과 환경의 여러 주제를 10가지 키워드로 정리합니다. 관련 개념과 이론, 학계와 산업계의 쟁점, 우리 일상의 변화를 다룹니다. 인간과 기술의 현재, 미래를 세심히 분석합니다.

일러두기

- 인명, 작품명, 저서명, 개념어 등은 한글과 함께 괄호 안에 해당 국가의 원어를 병기했습니다.
- 외래어 표기는 현행 어문규정의 외래어표기법을 따랐습니다.

처음이세요?

전문가세요?

# 인공지능의 역사

최승재

대한민국, 서울, 커뮤니케이션북스, 2024

# 인공지능의 역사

지은이 최승재
펴낸이 박영률

초판 1쇄 펴낸날 2024년 6월 30일

커뮤니케이션북스(주)
출판 등록 2007년 8월 17일 제313-2007-000166호
02880 서울시 성북구 성북로 5-11
전화(02) 7474 001, 팩스(02) 736 5047
commbooks@commbooks.com
www.commbooks.com



ISBN 979-11-288-5010-3 03500

책값은 뒤표지에 표시되어 있습니다.

# 차례

# 인공지능이란 무엇인가?

## 인공지능이 인류의 생존을 위협하는지 알기 위해서는 인공지능의 역사를 알아야 한다

인공지능이 인류의 직업을 사라지게 하고 인간지능이 인류의 인간성을 상실하게 할 것이라는 우려가 점차 커지고 있다. 2023년 4월 20일 유명 저널인 《이코노미스트》는 인공지능이 인간들을 모두 대체하고 자동화할 것이라는 점에 대한 기사에서 일론 머스크(Elon Musk) 등의 우려를 소개한 바 있다. 대규모 언어모델을 이용한 생성형 인공지능은 음악, 미술 등의 창작 활동에 더해서 컴퓨터 코딩을 하고 소설을 쓰기도 한다. 이는 창작이 절대적인 인간의 영역에 해당한다는 우리의 믿음에 충격을 주었다. 고인이 된 스티븐 호킹(Stephen Hawking) 박사도 이런 인공지능 발전이 가지고 올 위험에 대해서 우리에게 경고를 했다.

이후 우리는 수시로 미래의 직업이 없어진다는 이야기들을 듣고 있지만 정작 무엇을 어떻게 하여야 하는가에 대해서는 알지 못하고 있다. 영화 속의 세계는 인공지능이 노동을 대신하고 인간이 인간에게서 느끼는 감정 이상의 감정을 인공지능이 탑재된 로봇들에게 느끼게 될 것이라는 미래를 그린다. 그런데 정작 그런 것을 보는 우리는 변호사가 없어지고 인공지능이 대체한다고 하면 변호사를 그만두고 무엇을 해야 하는지 알 수 없다. 그렇다고 인공지능이 대체할 가능성이 가장 적은 직업으로 갑자기 이동하는 교육을 받을 수도 없다. 인공지능이 발달한 미래는 인류 모두가 노동에서 해방되고 아무 일도 하지 않아도 되는 행복한 미래가 될 것인가. 우리는 기술 발전이 우리에게 줄 행복한 미래를 그리는 여러 이야기들을 보았지만 그런 미래가 현실화되지는 않는 것 같다. 오히려 노동이라는 면에서는 정보기술(IT)의 발달이 노동의 강도를 높이는 방향으로 진행되는 것이 아닌가 하는 의문을 가지게 된다. 물론 과학기술의 발전은 인류의 수명을 놀라운 수준으로 연장시켰고, 전기가 인류의 밤을 밝게 만든 것처럼 인류의 꿈을 현실로 만들어 왔다. 그런데 중요한 것은 이 과정에서 우리가 해야 할 일은 기술이 인간을 위해서 기여하도록 기술 발전을 제어하는 것이다. 이런 점은 인공지능 기술도 마찬가지다.

우리는 환경(Umwelt)에 영향을 받고 그 환경에 영향을 준다. 인공지능 기술은 인류의 이런 지금까지의 생존방식과 마찬가지로 우리의 삶과 환경에 영향을 줄 것이다. 유발 하라리(Yuval Harari)는 저서 『사피엔스(Sapiens)』에서 유럽이 인류의 역사 중심에 서게 된 이유가 과학혁명이라고 보았다. 중국을 포함한 동북아시아의 국가들은 오랜 기간 유럽을 앞서 왔지만 과학기술혁명의 시기를 통해서 척박한 환경의 유럽이 대항해 시대를 거쳐 이 지구의 주도자가 되었다. 과학기술혁명에 이를 뒤이은 산업혁명의 시대와 마찬가지로 인공지능은 각국의 경제 지도를 다시 그리게 될 것이다. 빵과 포도주의 문제는 인공지능이 가지고 올 위험에 대한 경고나 윤리 문제에 대한 세계적인 공통규범의 창설을 어렵게 하는 요인이라고 본다.

인간은 실재하지 않는 것, 상징적인 것들에 무게를 둔다. 이집트의 파라오가 사실은 인간에 불과하다는 것을 사람들이 모르게 함으로써 파라오는 권력자가 된다. 인공지능을 정확하게 이해함으로써 우리는 인공지능을 우리의 운명을 좌우할 기술이 아니라 우리가 주체적으로 결정할 대상이 되도록 할 것이다. 그런 점에서 우리는 우리가 주체가 되기 위해서 역사를 알아야 한다. 그리고 인공지능의 실체를 대면해야 한다.

## 인공지능의 정의

인공지능의 역사를 이해하려면 인공지능이란 무엇을 말하는가에 대한 공통된 정의가 필요하다. 우리는 무언가에 위협을 느끼거나 무엇인가에 대한 논의를 하면서 정확히 공유되는 정의가 없이 각자가 느끼는 감정을 말하는 경우가 있다. 실제로도 인공지능이라는 용어가 미디어 등에서 일상적으로 사용되지만 공유되는 정의는 없다(김진형, 2020, 32쪽).

인공지능이란 기계로 하여금 보고, 듣고, 언어를 사용하여 소통하며, 필요한 정보를 획득하고, 문제를 해결하기 위하여 의사결정을 하며, 계획을 수립하고, 추론을 통하여 상황을 파악하고, 새로운 사실을 배우고, 알고 있던 지식을 수정 · 보완하여 성능을 스스로 개선할 수 있도록 하는 능력을 갖게 하고자 하는 모든 활동이라고 할 수 있다(김진형, 2020, 32~33쪽). 요컨대 인공지능은 인간이 아닌 기계가 지능을 가지고 인간이 수행하는 작업을 하도록 하는 기술이다. 인공지능은 인간이 프로그래밍한 알고리즘에 따라서 이를 단순 반복하는 것을 넘어서 인간이 생각하지 못한 방식으로 사고하고 결과물을 산출하기도 한다.

인공지능이 아닌 인간의 지능은 무엇인가? 지능(知能,

intelligence)도 쉽지 않은 개념이다. 인간은 감각기관을 통해서 사물을 인식하고 인식에 기반하여 사유한다. 이런 인간의 지능을 모방하는 것이 인공지능이다. 이런 점에서 인공지능 연구는 인간의 인식, 판단, 추론, 문제 해결과 그 결과로서 언어나 행동에 대한 지시, 그리고 학습 기능과 같은 인간의 두뇌 작용 모방을 내용으로 한다. 인간의 뇌는 가소성(腦可塑性, neuroplasticity)을 가짐으로써 학습이 가능하게 되어 사람이 다양한 환경에서 생존할 수 있게 되었지만 다양한 신호를 처리하고 이를 경험으로 처리하는 과정에서 장기간의 학습이 필요하게 되어 생존에 불리한 점도 가지게 되었다. 뇌는 신경가소성(神經可塑性)을 가지게 됨으로써 성상과 재조직을 통해 스스로 신경 회로를 바꾸는 능력을 갖추게 되었다. 이런 점에서 뇌는 성형적(plastic)이고 순응성(malleable)이 있다. 신경회로가 일생을 통해 끊임없이 변하는 이런 능력은 인간의 뇌를 이해하는 데 중요한 요인이라고 할 수 있다(Doidge, 2008).

인공지능의 궁극적인 목표는 인간과 같이 생각하는 기계를 만들어 내는 것이다. 따라서 인공지능은 그에 부합하는 지능적인 존재가 되는 것이 종국적인 목적이 된다. 지능이라는 단어를 정의하는 것이 쉽지 않기 때문에,

기계가 지능을 가질 수 있는가 하는 것은 인간의 지능에 대한 이해를 전제로 하는 것이다. 인간의 지능은 무엇인가 하는 질문에 대해서도 신경과학이나 뇌과학에서 아직 결론을 완벽하게 내리지 못하였다. 뇌과학자들은 컴퓨터의 발전에 대해서 인정하면서도 디프러닝 알고리즘은 뇌 기능의 일부만을 흉내 내는 것에 그치고 있다고 보고 있다(Dehaene, 2021, 24쪽).

머신러닝의 기능들 중에서 컴퓨터가 방대한 학습용 데이터세트를 통해서 일반화되는 추상적인 지식을 찾아내는 능력을 갖추는 것은 인간 뇌의 학습 능력에 비해서 비효율적이라는 것이 이들의 지적이다(Dehaene, 2021, 25쪽).

인공지능의 기능은 외계(外界) 정보에 대한 인식을 하는 것, 지식을 체계화하는 것, 학습을 하는 것의 세 가지로 나누어서 볼 수 있다(최재원, 2021, 7쪽). 인간의 경험과 지식을 그대로 기계에 이식하는 방식의 인공지능 학습이 가능하게 되면 이를 통해서 인간은 영생할 수 있을지 모른다. 이 문제는 인간이란 무엇인가에 대한 철학적인 논의와 연결된다.

인간은 전자기적인 신호로 구성된 뇌에 집적된 기억(記憶)의 집합체인가. 그런데 만일 인간이 전뇌(電腦)를 가지게 되면 그것은 인간인가 기계인가? 인간이 의공학(醫工學)을 발전시켜서 인간의 신체를 기계로 대체하면 인간과 기계의 한계는 어디서 나뉘는가. 이런 질문들이 제기된 것이 일본 애니메이션 〈공각기동대(Ghost in the Shell)〉다. 인간의 인지에 대하여 공각기동대의 '인형사(人形社)'가 던진 질문은 인간의 지능에 대한 것임과 동시에 인간이란 무엇인가에 대한 것이다.

인간의 외계 정보 인식을 보면, 인간은 시각적 패턴인식, 음성 및 언어 인식 등을 통해서 외부 세계의 정보를 취득한다. 인공지능을 만들어서 인간의 이런 모습을 흉내 내겠다고 한다면 이와 같은 외계 정보를 다수 입력해서 인간과 마찬가지로 인식에 기초한 학습을 하도록 하여야 한다. 그리고 자연어 인식 및 처리는 챗봇(chatbot)과 같이 인간의 대화를 모방하여 인간과 대화가 가능한 인공지능을 형성하게 한다. 인간이 타자의 지능을 측정하는 척도 중 하나가 바로 타자와의 의사소통이다. 인간은 개별적으로 매우 연약한 존재이지만 집단을 형성하고 이들 간의 의사소통을 통해서 집단 지성(collective intelligence)을 형성하고 이를 통해서 문명을 만들었다. 이런 점에서 인간은 채팅을 할 수 있는 누군가를 보고 지능이 있다고 생각한다.

## 과학혁명의 구조: 인공지능은 어떻게 우리의 삶에 영향을 줄까?

논쟁은 과학혁명(scientific revolution)을 정의하는 특성이다. 인공지능 기술의 발전은 과학혁명의 속성을 가지고 있다. 그만큼 논쟁적이다. 인공지능의 역사를 보면 엄청난 낙관론과 비관론이 오갔다. 과학은 단일한 하나의 무엇으로 확정적으로 선형적 진보를 이루는 것 같지만 그 과정에서 '천동설'과 '지동설'의 논쟁에서 보는 것처럼 지속적인 논쟁이 있었다.

일정한 모델과 유형이 인정을 받으면서 패러다임(paradigm)이 된다. 우리는 새로운 패러다임이 등장하면 그것의 크기와 향후 전망을 분석하고 이론을 명료화하는 과정을 거쳐야 한다. 이 과정에서 과학은 드물지 않게 데이터를 왜곡하곤 했다. 관찰자 효과(observer effect)는 이 과정에서 발견되는 편향인데, 데이터를 해석하는 과정에서 어떤 과학자가 무의식적인 편향을 가지고 있을 경우 발생한다(Broad & Wade, 2007, 125쪽). 인공지능에 대한 연구의 방향과 전망도 이와 같은 편향으로 관찰될 가능성이 있다.

이런 기능의 고도화는 인간들이 인공지능에 기술적 관심사를 가지도록 하는 것에서 중요하며 실제로 그러한 과정에서 활용된다. 오픈(Open)AI가 바로 이런 역할을 한 것이다. 기존에도 인공지능은 여러 분야에서 사용되고 있었고 산업적으로 발전하고 있었던 기술이다. 그런데 오픈AI는 일반 사용자들의 종래의 검색 방식인 '자연어(自然語) 검색'을 대체할 수 있는 새로운 형태의 검색 방식을 제시한 것이다.

인공지능을 지식의 체계화 면에서 보면 각종 사실로부터 지식을 어떤 형식으로 컴퓨터에 입력할 것인가의 문제가 있다. 이때 입력 형식, 입력 정보와 사실에서 추론하는 방식과 검색, 정리 증명 등의 주어진 문제를 순서에 따라서 해결하는 과정이 시행착오를 통해서 정립된다. 원래 컴퓨터는 인간이 지시한 명령을 순서대로 수행하는 기계다. 사람들이 생각을 잘해서 필요한 업무를 수행하도록 구체적인 명령을 내리면 컴퓨터는 사람의 명령을 따라서 업무를 수행할 수 있다. 이것이 우리가 생각하는 컴퓨팅의 모습이다(김진형, 2020, 33쪽).

## 인공지능을 통한 패러다임의 전환

인간을 모사하는 인공지능, 그리고 인간의 미래, 인공지능의 미래를 살펴보는 것은 역사를 관찰함으로써 가능하다. 우리는 발견, 관찰, 발명, 이를 기반으로 한 이론의 등장을 통해서 기존에 존재하던 생각의 구조를 변화시킨다. 이것이 인류가 창조적 파괴를 통해서 과학기술을 개발하고 우리의 삶을 변화시켜 온 방식이고 동인(動因)이다.

인공지능 연구는 본질적으로 인간을 모방하여 인간의 지능을 가진 무언가를 만들려고 하는 것이다. 인간의 학습 방식을 통해서 보면, 인간의 뇌(腦)는 시각, 청각, 후각 등의 감각기관에서 전기(電氣)적인 신호의 형식으로 데이터를 수집하게 된다. 이런 데이터를 분석해서 다가올 위험을 감지하고 에너지를 확보할 수 있는 수단을 강구한다. 이 과정에서 인간의 뇌는 기존에 일어난 이벤트를 분석하여 경험이라고 칭하는 학습 결과물들을 가지게 된다. 그리고 인간의 뇌는 받아들인 데이터를 경험과 결합하여 미래를 예측하고 행동을 신체의 각 기관에 지시한다. 이처럼 외계로부터 정보를 얻고 지식을 축적하면서 추론 규칙을 스스로 형성하는 방법을 확보하는 것이 뇌의 학습 방식이다. '신경망 컴퓨팅'은 이런 신경망에서 전달되는 데이터의 처리 양상을 모사(模寫)하고자 하는 공학 분야다. 인공지능 연구도 그 역사를 보면 다른 과학기술 분야의 발전과 같이 부침을 거듭한다. 톰슨(Joseph Thomson)이 전자를 발견한 이래 과학계에서 이루어진 전자궤도(Electron orbit)에 대한 모델 논쟁을 봐도 과학은 이와 같은 논쟁을 통해서 발전했다. 러더퍼드(Rutherford) 모델, 보어(Bohr) 모델 등 여러 모델들이 논쟁 속에서 영향을 주고 서로 발전해 왔다. 인공지능 발전의 방향에 대해서도 논쟁이 필요하고 이런 논쟁들은 인공지능 기술을 인간을 위한 기술로 만드는 자양분이 될 것이다.

이런 점에서 우리가 인공지능의 미래를 예견하려면, 인공지능이 어떤 식으로 발전해 왔는지를 이해하는 것이 필요하다. 그래야 인공지능 기술의 발전이 앞으로 우리 사회를 어떻게 바꿀 것인가를 전망할 수 있다. 그러한 의미에서 인공지능의 역사는 매우 중요하다. 이런 점을 염두에 두고 인공지능의 시작으로 시계(時計)를 돌려 그 역사를 함께 보고자 한다. 독자 여러분을 인공지능의 세계로 초대한다.

## 참고문헌

김진형(2020). 『AI 최강의 수업』. 매일경제신문사.

이주선(2021). 『AI임팩트』. 굿인포메이션.

인공지능신문(2022.12.22.). [AI 이슈] 인공지능으로 패션 패러다임 바꾼다!... 홍콩 '코드 크리에이트', 세계 첫 패션 AI 플랫폼 선보여.

https://www.aitimes.kr/news/articleView.html?idxno=26880 2022. 12. 25. 최종접속.

최재원(2021). 인공지능의 생성물에 대한 지식재산권법적 연구. 중앙대학교 법학전문박사학위논문.

한겨레(2024.2.20). 오픈AI '소라' 등장…진짜 충격은 따로 있다. https://www.hani.co.kr/arti/economy/it/1128910.html

Broad, W. & Wade, N.(1983). *Betrayers of the Truth: Fraud and Deceit in the Halls of Science*. Ebury Press. 김동광 옮김(2007). 『진실을 배반한 과학자들』. 미래인.

Dehaene, S.(2020). *How We Learn: The New Science of Education and the Brain*. Viking. 임성수 옮김(2021). 『우리의 뇌는 어떻게 배우는가』. 로크미디어.

Doidge, N.(2007). *The Brain That Changes Itself*. Penguin Life. 김미선 옮김(2008). 『기적을 부르는 뇌: 뇌가소성 혁명이 일구어낸 인간 승리의 기록들』. 도서출판 지호.

The Economist(2023.4.20). How to worry wisely about artificial intelligence.

Harari, Y.(2016). *Homo Deus*. Harvill Secker. 김명주 옮김(2023). 『호모 데우스 미래의 역사』. 김영사.

Harari, Y.(2014). *Sapiens: A Brief History of Humankind*. Random House Harper. 조현욱 옮김(2023). 『사피엔스』. 김영사.

Kuhn, T.(1962). *The Structure of Scientific Revolution*. University of Chicago Press. 김명자·홍성욱 옮김(2012). 『과학혁명의 구조』. 까치.

Marks, R. J.(2022). *Non-Computable You: What You Do That Artificial Intelligence Never Will*. Discovery Institute.

## 01
## 생각하는 기계의 시작과 라이프니츠

인류가 인공지능을 생각한 것은 오랜 시간 전이다. 인류는 로봇이 인간을 대신해서 일하는 것을 꿈꾸었다. 과거 인간이라고 보지 않았던 노예에게 일을 시키고 시민들은 육체적인 노동 대신 다른 활동을 하였다. 오토마톤이라는 기계를 생각했던 그리스 시대부터 인류는 생각하는 기계를 생각해 왔고, 라이프니츠에 이르러 생각하는 기계에 대한 단초가 발견되었다.

AI와 1인 창업?

## 오토마톤과 로봇

인공지능에 대한 인류의 관심은 고대 그리스, 로마의 신화에서도 발견된다. 오토마톤은 인간의 개입 없이 작동하는 기계나 메커니즘을 의미한다.

고대 그리스를 대표하는 도시국가였던 아테네와 쌍벽을 이루었던 스파르타에서는 영화 〈300〉에서 보는 것과 같이 소수의 시민들이 전사의 역할을 했다. 스파르타는 다수의 헤일로타이(εἱλῶτας)들이 생산 활동에 종사하는 구조의 사회였다. 투키디데스의 펠로폰네소스 전쟁에 대한 기술을 통해서 우리는 그리스의 아테네와 스파르타라는 도시국가를 알 수 있을 뿐이지만, 그들의 시대에도 인간의 개입 없이 작동하는 기계나 메커니즘이 구상되었던 것이다.

스스로 작동하는 기계라고 한다면 우리는 '로봇(Robot)'을 생각하게 된다. 로봇이라는 단어는 1920년 체코슬로바키아의 극작가 카렐 차페크(Karel Čapek)의 희곡 〈R.U.R.(Rosuum's Universal Robots)〉에서 처음 사용되었다고 알려져 있다. 이 단어의 의미가 체코어로 노동, 노예, 힘들고 단조로운 일을 의미하는 robota에서 연원한 것이라는 것을 보면 인간들은 계속 단조로운 일들을 기계에게 맡기는 생각을 한 것이다.

우리나라는 가장 높은 '로봇 집약도'를 가지고 있는 국가다. 그런데 여기서 말하는 로봇은 스스로 생각하고 움직이고 주변과 상호작용하면서 통신하고 작동하는 로봇만을 의미하는 것이 아니다. 산업용 로봇은 단순하게 반복적인 동작만을 한다. 조립 로봇은 조립만 하고, 용접 로봇은 용접만 한다. 그러다가 센서가 사람과 물건을 구별하지 못해서 사고가 나기도 한다. 2005년 유명한 4족 보행 로봇인 '빅도그(Big Dog)'를 개발한 보스턴 다이내믹스(Boston Dynamics)는 로봇 분야를 선도하는 회사다. 1992년 설립된 이 회사는 2020년 12월 현대자동차그룹에 인수되어 우리나라에도 알려졌다.

그리스 신화에서 대장장이신인 헤파이스토스('Ηφαιστος)는 신들이 인간에게 선물로 준 최초의 여자 '판도라'와 '판도라의 상자'를 제작하였다고 묘사된 기술신이다. 그는 탈로스(Talos)라는, 크레타섬을 지키는 청동(靑銅) 로봇을 만든다. 이 탈로스는 크레타의 해안을 하루에 3회 순찰한다. 탈로스는 인간과 같은 형상을 가지고 인간처럼 행동한다는 점에서 안드로이드형 로봇이다.

창조주를 믿는 사람들에게 인간이 신의 피조물이라면 인간은 스스로 인공지능 로봇을 만들어 창조주가 되었다. 1968년 『2001 스페이스 오디세이(2001: A Space

Odyssey)』의 저자인 아서 클라크(Arthur Clarke, 1917~2008)는 "충분히 발달한 기술은 마법과 구분할 수 없다"는 유명한 테크 명언을 남겼다. 이후 인공지능 발전의 역사에서 이 명언은 충분히 확인된다. 우주선을 항해하는 책임을 맡은 인공지능 컴퓨터 할(HAL)의 행동을 보고 우리는 인공지능이 자율적으로 운행하는 기계에 대한 생각을 하게 된다.

로봇의 핵심 가치는 사람을 대신해서 작업할 수 있다는 점이다. 자동화된 로봇 기술의 발전은 인공지능 기술의 발전과 함께 우리 삶을 변화시킬 것이다. 자동차 공장을 가면 로봇이 자동차를 조립하고, 배터리 공장을 가도 로봇들이 일을 한다. 인간은 오퍼레이터로서 이들의 작동을 관찰하고 점검하는 일을 한다. 로봇의 활동 영역은 제조 공장을 벗어나 물류 창고, 식당, 백화점 등 점차 다양한 분야로 확장되고 있다. 이제 강원도에 있는 식당을 가도 로봇이 주문을 받고 배달한다. 주문은 패드를 통해서 받고 결제도 테이블에서 한다. 그러면 식당에는 튀김 로봇이 튀김을 만들고 배달 로봇이 배달을 하는 것이다.

필자가 마이크로소프트에서 일을 할 때 로봇을 담당하는 부사장은 자동차를 '움직이는 로봇'이라고 칭했다. 이런 모빌리티(mobility) 기술은 모든 움직이는 것들을 움직이는 로봇으로 정의하게 만들었다. 자율주행차(autonomous vehicle)의 등장은 인공지능 기술의 발전으로 인해서 더욱 정교해지고 있다. 이런 점에서 현대자동차가 보스턴 다이내믹스를 인수하여 로봇 산업에 뛰어든 것은 충분히 이해된다.

## 데카르트와 라이프니츠 그리고 파스칼

데카르트(René Descartes, 1596~1650)는 "나는 생각한다. 고로 존재한다(Cogito, ergo sum)"라는 명언을 남긴 프랑스의 철학자다. 인간의 존재론적 전제가 '생각[思惟]'에 있다는 점을 그는 설파하였다. 데카르트는 『방법서설(Discours de la méthode)』[1637년 데카르트가 저술한 『이성을 올바르게 이끌어, 여러 가지 학문에서 진리를 구하기 위한 방법의 서설(Discours de la méthode pour bien conduire sa raison, et chercher la vérité dans les sciences)』의 앞부분]에서 '인간은 기계'라고 주장한다. 인간은 경험을 가진 기계이고 뇌는 태엽이라는 주장이다. 이 기계론적 인간론은 컴퓨터와 인공지능의 철학적 기반이 되었다.

독일의 라이프니츠(Gottfried Leibniz, 1646~1716)는 과학자로 알려져 있지만 "법학의 학습과 교육의 새 방법"이라는 글을 쓴 것에서도 알 수 있는 것처럼 법률 문제에도 관심이 많았던 철학자였다. 그는 1666년 박사학위 논문에서 모든 개념들을 제한된 수의 단순한 개념들의 조합으로 환원할 수 있다는 아이디어를 내었다. 뉴턴과 함께 미적분학의 최초 발명자로도 유명한 그는 전자, 컴퓨터, 프로그래밍 체계의 근간이 되는 중요 사상의 하나인 단자론(單子論)을 제시하기도 하였다. 단자(monad)란 넓이를 갖고 있지도 않고 모양도 없으며 분할할 수도 없는 단순한 실체라 보았다. 그는 이런 논리를 통해서 이진법으로 모든 논리적인 추론을 할 수 있다고 생각하였다. 라이프니츠는 또한 라그랑주 다항식과 알고리즘 정보 이론을 예견했다.

알고리즘(algorism)은 어떤 문제를 해결하는 것에 쓰이는 일련의 단계를 의미한다. 페르시아의 수학자 알-콰리즈미의 이름에서 유래한 것으로 그는 9세기 손으로 수학 계산을 하는 기법을 썼다. 그는 '대수학(algebra)'의 어원이 되는 책을 기술했다(Christians & Griffiths, 2016, 9쪽). 이러한 알고리즘은 컴퓨터 프로그래밍에서 중요한 개념으로 기능한다.

프랑스의 파스칼(Blaise Pascal, 1623~1662)에 의해 덧셈과 뺄셈이 가능한 톱니바퀴 계산기(Pascaline)가 개발되어 능률적인 계산이 가능해졌지만 파스칼의 기계는 덧셈과 뺄셈 이외의 연산은 불가능하다는 단점이 있었다. 이를 보완한 사람이 라이프니츠였다. 미적분 개념에서 뉴턴과 경합을 하였던 라이프니츠는 '라이프니츠 머신'을 개발하여 덧셈과 뺄셈 이외의 연산을 하도록 하였다. 라이프니츠는 철학, 자연과학, 수학, 법학, 신학, 언어학에 능통함은 물론 외교관, 정치가, 기술자 등으로 불릴 수 있었던 다재다능한 천재였다. 그가 발명한 계산기는 파스칼이 발명한 파스칼린과 똑같은 톱니바퀴 방식이었지만 스텝 실린더(stepped cylinder)라는 아홉 개의 커다란 기어를 사용한 것이 특징이다. 아홉 개의 기어는 각기 크기가 다르고, 보다 작은 기어들이 그보다 큰 것 위에 위치해 있었다. 그리고 각각의 기어들은 피승수(被乘數)를 표시하고 커다란 기어의 대응되는 숫자에 적용되도록 위치시켰다. 커다란 기어들 각각의 완전한 1회 회전은 일단 피승수로 기록되고 승수는 큰 기어들의 회전 수로 표시되도록 하였다. 기계는 제대로 작동했지만 받아 올림과 받아 내림을 완벽하게 자동화하지는 못했다. 그러나 라이프니츠의 계산기는 덧셈과 뺄셈의 반복을 통해서 곱셈과 나눗셈을 수행하고 제곱근을 구할 수 있었다는 점에서 파스칼의 계산기에 비해서 개선된 기계라고 할 수 있다.

라이프니츠의 이런 발명들은 현대 전자식 컴퓨터의 기초가 되었다. 라이프니츠가 생각하는 기계의 단초를 제공했지만 여전히 인공지능을 기반으로 한, 일하는 기계는 만들어지지 못했다. 하지만 라이프니츠는 이후 찰스 배비지(Charles Babbage)와 에이다 러브레이스(Ada Lovelace)에 의해서 만들어질 하드웨어와 소프트웨어 개념의 단초를 제공하였다.

## 참고문헌


Thucydides(1942). Historiae. Oxford. 천병희 옮김(2011). 『펠로폰네소스 전쟁사』. 숲.

Christian, B. & Griffiths, T.(2016). *Algorithms to Live By: The Computer Science of Human Decisions*. Henry Holt and Co. 이한음 옮김(2018). 『알고리즘, 인생을 계산하다』. 청림출판.

Clarke, A.(1968). *2001: A Space Odyssey*. NAL. 김승욱 옮김(2004). 『2001 스페이스 오디세이』. 황금가지.

Descartes, R.(1637). *Discours de La Methode, Regulae ad directionem ingenii* . 김진욱 옮김(2016). 『방법서설』. 범우사.

Mayer, A.(2018). *Gods and Robots: Myths, Machines, and Ancient Dreams of Technology*. Princeton University Press. 안인희 옮김(2020). 『신과 로봇』. 을유문화사.

Warburton, N.(2012). *A Little History of Philosophy*. Yale University Press.

## 02
# 배비지 해석기관과 에이다

라이프니츠 기계를 통해서 발전된 계산기는 자동으로 계산을 해 주는 기계에서 한 걸음 앞으로 나아갔다. 미국에서 과거에 유학을 하던 교수들은 가끔 천공기 이야기를 한다. 천공기의 아이디어는 배비지와 에이다를 통해서 발전하였다. 배비지의 해석 기계와 에이다의 소프트웨어과 같은 개념들은 이후 전자계산기 개념의 발전에 기여하였다. 특히 에이다는 당대 여성으로서는 드물게 기계에 대한 관심이 높았는데 그녀는 지금 우리가 보는 것과 같이 창작하는 기계라는 것도 생각했다.

AI와 MBTI?

## 배비지 해석기관

라이프니츠가 천공기를 이용한 계산이라는 아이디어를 제시한 이후 시간이 흘러 인공지능의 역사에서 우리가 만나게 될 인물은 배비지(Charles Babbage, 1792~1871)다. 1812년 배비지는 미분기(Difference Engine)를 이용해서 로그(logarithm)와 같은 계산을 할 수 있을 것이라 생각했다. 그는 미분기 연구를 하다가 1832년 미분기에 대한 흥미를 잃고 해석기관(Analytic Engine)이라는 새로운 기계를 고안했다.

배비지는 자신이 만든 기계의 작동을 제어하기 위하여 두 종류의 천공카드를 사용하려고 했으며, 기계의 산술연산 부분과 산술연산의 형태, 또는 기억 장치로부터 자료를 이동시키기 위하여 이 제어카드들을 사용하곤 했다. 이 기계는 설계대로라면 기억 장치는 약 5만 개의 자릿수를 포함하며, 산술연산 장치는 덧셈이나 뺄셈을 1초 만에 수행할 수 있어, 약 1분에 걸쳐 50자리의 숫자를 곱하거나 나눌 수 있는 능력을 가진 기계였다.

배비지는 일생 동안 해석기관 제작에 몰두하였지만 경제적, 정치적, 법적 문제로 인해 그가 바라는 정도의 완성도를 가진 기계를 만들지는 못했다. 하지만 이 해석기관은 제어 부분과 산술연산 부분, 기억 장치, 입출력 장치 등을 포함하고 있었다는 점에서 오늘날의 컴퓨터들이 가지고 있는 입력 장치, 출력 장치, 기억 장치, 중앙 처리 장치라는 형태에 대한 아이디어를 가지고 있었다. 이런 점에서 배비지의 아이디어는 오늘날의 컴퓨터에 대한 생각의 출발점이라고 할 수 있다.

## '에이다 러브레이스'와 프로그래밍 언어 '에이다'

에이다 러브레이스(Augusta Ada King, Countess of Lovelace, 1815~1852)는 시인 바이런의 딸이다. 그녀는 세계 최초의 컴퓨터 프로그래머로 알려져 있다. 그녀는 1842년 찰스 배비지의 해석기관에 대한 분석에서 현대적 의미의 인공지능의 가능성을 제시했다.

그녀는 베르누이의 수(Bernoulli numbers)를 구하는 알고리즘을 만들었다(이수선, 2021, 37쪽). 에이다 러브레이스가 살던 때에 찰스 배비지의 해석기관은 완전히 새로운 것이었다. 에이다는 배비지의 해석기관을 이해하고 연구한 당대의 정말 몇 없는 사람이었다.

배비지는 에이다의 재능과 글쓰기에 큰 감명을 받아서 에이다를 숫자의 마술사라고 불렀다고 한다. 하지만 배비지가 자신의 연구에 영향을 준 타인을 언급하지 않았던 터라 에이다 러브레이스의 정확한 기여도는 알려진 바가 없다. 에이다 러브레이스는 "찰스 배비지의 해석기관에 대한 분석"을 통해 현재 컴퓨터 프로그래밍 언어의 중요한 개념인 루프(loop), IF문과 같은 제어문의 개념을 제시하였다. 참고로 우리가 영화 〈매트릭스(The Matrix)〉에서도 보았고, 일상에서 '무한루프'에 빠진다는 말을 할 때 사용하는 '루프'라는 개념은 컴퓨터 프로그램 중에 어떤 조건이 만족되고 있는 동안 또는 종료 조건이 성립할 때까지 반복 실행되는 명령의 집합을 의미한다. 이런 '루프'를 사용하게 되면 필요한 횟수와 데이터를 바꾸어 같은 처리를 실행할 수 있게 되어 컴퓨터 프로그램이 간결하게 되고 코딩(coding)에 필요한 시간도 단축할 수 있으며, 그 프로그램의 실행 시 주기억 영역을 절약할 수 있다는 장점이 있다. 한편 'IF문'은 프로그램에서 특정한 조건에서만 특정한 실행을 하도록 하는 제어문이다. 에이다는 19세기에 현대 컴퓨터 언어의 기초가 되는 개념을 최초로 개발한 것이다.

더 나아가 에이다 러브레이스는 찰스 배비지가 갖지 못했던 '해석기관'의 미래도 예견하였다. 시인의 딸이 가진 촉(觸)이라고 할까. 그녀는 해석기관의 명령어를 이용하면 기계가 그림을 그리거나 음악을 작곡할 수 있다고도 생각하였다. 생성형 인공지능의 아이디어를 이미 그녀는 생각한 것이라고 할 수 있다. 그녀는 기계가 앞으로는 작곡을 할 것이라고 예언하면서도 기계는 인간이 시키는 일만 한다고, 기계가 어떤 해석이나 진실에 대해 예측하는 능력을 가질 수는 없다고 하였다. 이런 생각은 컴퓨터에 대한 현대 우리의 이해와 부합한다. 인공지능은 아니지만 예지자들이 미래에 발생할 범죄들을 예견하여 예방하는 것을 내용으로 하는 〈마이너리티 리포트(Minority Report)〉(2002)와 같은 영화 속 상상을 인공지능이 행하는 것이 가능할지 에이다의 예지력은 우리가 앞으로 살펴보게 될 것이다. 1980년 미 국방부는 난립하는 컴퓨터 프로그래밍 언어들을 통합하기 위한 작업을 완료한 뒤 이 언어를 '에이다'라고 명명했다. 컴퓨터 프로그래밍 언어를 최초로 고안했다고 알려진 에이다 러브레이스의 이름을 딴 것이다. 컴퓨터란 기계 자체가 없던 시절에 프로그래밍 언어를 고안해 내고 미래의 컴퓨터가 할 수 있는 일을 예견까지 한 에이다 러브레이스를 기린 명명이었다.

## 에이다(Ada)와 소프트웨어

하드웨어로서 기계가 있다고 하더라도 소프트웨어가 없

다면 컴퓨터의 업무는 제한될 수밖에 없다. 인간이 행하는 일련의 일을 정한 것을 알고리즘으로 정의할 수 있다. 에이다(Ada)는 1970년대 미국 국방부에서 개발된 고급 프로그래밍 언어로, 안정성과 신뢰성을 제공하기 위해 설계되었다. 20세기 후반 미국 국방부는 수백 개의 다른 프로그래밍 언어가 동시에 사용되면서 유지 보수와 비용 문제가 커지자, 이를 통합하기 위한 단일한 표준 언어를 만들기로 하였다. 1977년 공모를 통해 진 이히비아(Jean Ichbiah)가 이끄는 팀은 1983년 공식 표준 언어인 Ada 83(ANSI/MIL-STD-1815A)을 완성하였다. 표준 번호 중 1815는 에이다 러브레이스의 출생 연도를 의미한다.

에이다는 구조적, 정적 타이핑, 명령적, 객체 지향 프로그래밍 언어다. 파스칼(Pascal)과 ALGOL 등 기존 언어들의 장점을 결합하여 만들어졌다. 에이다는 강력한 형식 검증(Strong typing)을 한다. 이를 통해서 프로그램의 오류를 실행 전에 컴파일 단계에서 발견하게 함으로써 신뢰성을 높인다. 그리고 패키지(package) 개념을 통해 코드의 재사용성과 유지 보수성을 강화한다(모듈화, Modularity). 이와 같은 모듈화를 통해 코드 재사용성을 높인 것은 이후 개발되는 여러 '객체 지향 언어'들에 큰 영향을 끼쳤다. 객체 지향 언어에서 객체 지향적으로 소프트웨어를 설계한다는 말은 어떤 프로그램의 일부분에 해당하는 모듈(부품)인 객체를 먼저 만들고 이렇게 만들어진 여러 객체들을 조립해서 하나의 완성된 프로그램을 만드는 프로그래밍 방법론을 말하는 것이다. 또 아이다는 동시성(Concurrency)을 가진다. 이에 따라 아이다는 여러 프로세스를 병렬로 실행할 수 있는 'task' 구문을 통해 실시간 제어나 임베디드 시스템에 적합하다. 그리고 문법이 명확하며, 실수로 인한 논리 오류를 줄이기 위한 설계가 되어 있다. 오류를 줄일 수 있어서, 아이다는 항공우주, 국방, 자동차 안전 시스템 등 안전과 신뢰성이 핵심인 분야에서 사용되고 있다.

아이다를 통해서 발전한 소프트웨어의 사용으로 하드웨어를 제어하고 목적 있는 기능을 수행하게 하는 프로그램과 관련 자료의 총체를 의미하는 소프트웨어는 초기 하드웨어를 사용하기 위해서 따라가는 것과 같이 이해되었던 소프트웨어는 마이크로소프트 이후 중요한 독자적인 가치를 가지는 상품이 되었고 이런 소프트웨어들은 인공지능 시대에도 인공지능 기술과 결합되어 중요한 역할을 하고 있다.

물론 아도비와 같은 디자인 업계를 주름 잡던 소프트

웨어가 점차 인공지능 서비스에 의해서 대체되는 것과 같은 현상을 우리는 목격하고 있다. 그러나 소프트웨어는 단순한 기술 산물이 아니라 논리적 사고와 인간적 판단이 결합된 지적 창조물이라는 점에서 여전히 인공지능 시대에도 변형된 모습으로 존재한다. 이런 점을 감안하면 에이다 언어는 이러한 소프트웨어 개발 과정을 '인간 중심의 설계'로 이끌기 위한 도구로 고안되어 지금까지도 인간중심의 인공지능이라는 철학적인 기초를 제공한다.

### 참고문헌

네이버 지식백과(2011.1.20). 컴퓨터인터넷IT용어대사전. 전산용어사전편찬위원회.

이주선(2021). 『AI임팩트』, 굿인포메이션.

Wolfe, M.(1981). The Ada Language System. https://citeseerx.ist.psu.edu/document?repid=rep1&type=pdf&doi=1f81387716763ae831ab563582b5bc64d4d8ca1a 2023. 1. 22. 최종접속.

## 03

## 튜링 테스트: 기계가 생각을 할 수 있다

튜링 머신은 오늘날 우리가 인공지능을 생각할 때 떠올리는 생각하는 기계의 원형을 제시하였다. 튜링은 애플의 베어 문 사과를 떠올리게 하는 인물이다. 제2차 세계대전 중에 독일의 ‘에니그마’를 해독하기 위해서 만든 튜링 머신은 영국의 승전에 큰 기여를 했다. 튜링이 제시한 생각하는 기계에 대한 논문은 애플의 스티브 잡스에게 영감을 주기에 충분했다. 암호 해독 기술은 여러 천재들의 도전과제였다. 〈뷰티풀 마인드〉의 ‘존 내시’의 게임 이론이 그 과정에서 나왔고, 튜링 테스트와 애플로 남은 튜링도 그렇다.

AI와 난임 극복?

## <이미테이션 게임>

오늘날의 의미에서의 인공지능의 역사는 영화 〈이미테이션 게임(Imitation Game)〉(2014)에서 확인된다. 영국 배우 컴버배치(Benedict Cumberbatch)가 열연한 이 영화의 주인공은 튜링(Alan Turing, 1912~1954)이다. 1936년 앨런 튜링은 "계산 가능한 수와 결정문제의 응용에 관하여"라는 논문에서 튜링 머신(Turing Machine)을 제안하였다.

이 논문은 현대 컴퓨터의 아버지로 불리는 폰 노이만(John von Neumann, 1903~1957)에게도 영향을 준 것으로 알려져 있다. 영화 속의 튜링은 독일의 해독 불가능한 암호 기계 '에니그마'를 깨기 위해서는 기계를 만들어서 대응하여야 한다고 하면서 튜링 머신을 개발하는 것에 성공한다. 튜링은 애플 컴퓨터의 로고에 쓰인 사과 디자인에 영감을 준 인물이기도 하고 '튜링상'이라는 이 분야 최고 권위상의 이름의 출처이기도 한 인물이다.

튜링은 '튜링 테스트'로도 유명한 인물이다. '기계도 생각할 수 있을까(Can machines think)'라는 질문에 대해서 앨런 튜링은 컴퓨터가 스스로 사고할 수 있음을 확인하려면 대화를 나눠 보면 된다고 주장했다. 그는 컴퓨터가 의식을 가진 사람처럼 자연스럽게 대화를 주고받

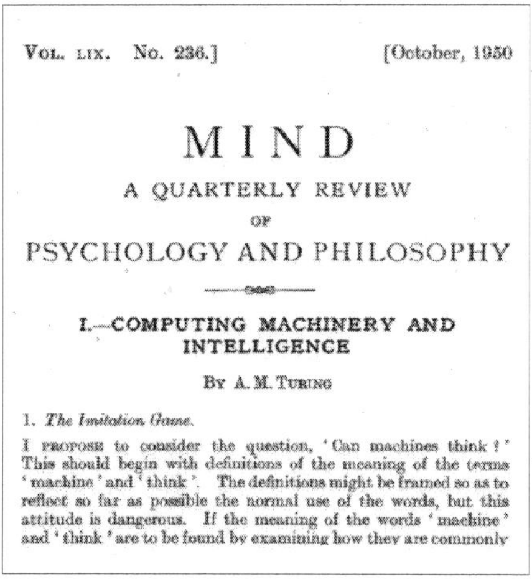

VOL. LIX. No. 236.] [October, 1950

# MIND

A QUARTERLY REVIEW
OF
PSYCHOLOGY AND PHILOSOPHY

I.—COMPUTING MACHINERY AND INTELLIGENCE

BY A. M. TURING

1. *The Imitation Game.*

I PROPOSE to consider the question, 'Can machines think?' This should begin with definitions of the meaning of the terms 'machine' and 'think'. The definitions might be framed so as to reflect so far as possible the normal use of the words, but this attitude is dangerous. If the meaning of the words 'machine' and 'think' are to be found by examining how they are commonly

그림 1. 1936년 앨런 튜링이 발표한 논문 "계산 가능한 수와 결정문제의 응용에 관하여".

을 수 있다면 그 컴퓨터도 의식이 있다고 봐야 한다는 주장을 했다(Moor, 1976, 249~257쪽).

앨런 튜링은 1950년 철학 학술지에 게재한 논문인 "계산기계와 지능"에서 기계가 인간과 얼마나 비슷하게 대화할 수 있는지를 기준으로 기계의 사고 능력을 판별할 수 있다고 보았다. 이를 '튜링 테스트'라고 한다.

튜링 테스트라는, 기계의 인간적 사고 수준을 판단하는 기준을 제안한 튜링은 위 논문에서 '이미테이션 게임'

을 제안하였다. 튜링은 '내가 사람인지 기계인지'를 묻는데 이를 가리는 기준이 바로 튜링 테스트다. 튜링 테스트는 20세기 수학자이자 암호 해독가인 앨런 튜링이 제시한 인공지능 판별법이다.

## 튜링 테스트, 〈엑스 마키나〉 그리고 중국어 방

영화 〈엑스 마키나(Ex Machina)〉(2015)를 보면 영화 속 인공지능 로봇은 스스로의 존재론적인 지위에 대해서 고민한다. 주인공의 질문에 대해서 답을 하면서 자신이 하는 답이 튜링 테스트에 대한 답이라는 것을 이해하고 있다.

영화는 검색 엔진 회사의 프로그래머인 남주인공이 사내 이벤트에 당첨되어 사장의 별장에 초대받고, 그곳에서 AI 튜링 테스트를 진행해 달라는 요청을 받으며 벌어지는 이야기를 다룬다. 회장 네이든이 개발한 인공지능 로봇 '에이바'를 만나서 튜링 테스트를 진행하는 것이 주인공 케일럽의 임무다. 이 영화에서 역시도 창조주인 네이든은 자신의 피조물인 '에이바'에 의해서 죽임을 당하게 된다. 영화의 제목인 '엑스 마키나'는 극에서 갈등이 복잡하게 얽혀 있다가 결말을 지어야 하는 상황에서 갑자기 어떤 신적인 방법으로 문제를 해결하여 버리는

'데우스 엑스 마키나(Deus ex machina)'에서 따온 것으로 보인다. 이 영화에서 스스로 생각을 하고 존재를 인지하게 된 인공지능의 탄생이 그 '엑스 마키나'가 아닌가 한다.

이런 튜링 테스트에 대한 사고 실험으로 가장 유명한 것이 '중국어 방(Chinese Room)' 실험이다. 이는 미국의 철학자 존 설(John Searle)이 제안한 것이다. 그는 튜링 테스트를 통해서 기계가 지능이 있는지를 판별한다고 하지만 실제로 이를 증명할 수 없다는 것을 '중국어 방'이라는 사고 실험을 통해서 보이고자 했다. 이 실험을 요약하면 한자를 몰라서 중국어를 그림으로 인식하는 사람도 중국어로 된 질문과 이에 대한 적절한 답변이 적힌 목록만 주면 답을 할 수 있다는 것이다. 답을 했다고 해서 그 사람이 중국어를 할 수 있다고 볼 수는 없을 것이므로 마찬가지로 기계가 답을 했다고 해서 그 기계가 지능이 있다고 할 수는 없다는 것이 그의 결론이다(Warbuton, 2012, 234, 236쪽).

이처럼 튜링 테스트는 여러 영화의 모티브가 되고 논쟁이 되고 있지만 지능을 가진 인간이라는 개념을 생각하게 해 주었다는 점에서 여전히 유의미하다.

## 튜링상

오늘날 컴퓨터를 가능하게 한 두 사람이라고 하면 알렌 튜링과 폰 노이만을 들 수 있다. 과학기술의 황금시대에 등장한 여러 천재들이 있었지만 이들은 그 천재 중의 천재였다. 튜링의 사과를 이미지화한 것이 '애플'사의 사과 로고라고 알려져 있을 정도로 이들이 미친 영향력은 크다.

튜링을 기려서 튜링상이 수여되고 있다. 최근 수상자를 보면, 2025년 앤드류 바르토, 리처드 서튼이 강화 학습(Reinforcement Learning)의 개념적 및 알고리즘적 기초를 수립하여 현대 인공지능의 핵심 축을 형성한 공으로 수상했다. 이들은 인간이 경험을 통해서 배우는 것처럼 인공지능도 성공한 경험을 강화하는 방법으로 개선할 수 있다고 보았다. 2023년에는 아비 위그더슨(Avi Wigderson)이 계산 복잡도 이론의 근본적 공헌, 암호 이론·수학과 컴퓨터 과학 간의 연계 연구로 수상했다. 2022년에도 멧칼프의 법칙(Metcalfe's law)으로 유명한 로버트 멧칼프(Robert M. Metcalfe)가 수상하였다. 그는 망의 가치는 망 가입자 수가 증가할수록 비선형적으로 증가한다는 법칙을 정립하였다. 기술적으로 그는 이더넷(Ethernet) 기술 발명으로 현대 네트워킹의 표준을 확립하였다. 2020년 알프레드 아호(Alfred V. Aho), 제프리 울만(Jeffrey D. Ullman)이 컴파일러 이론과 알고리즘의 근간을 세운 공으로, 2019년 에드윈 캣멀(Edwin Catmull)이 3D 컴퓨터 그래픽스의 렌더링 알고리즘 및 표현 기술로 픽사(Pixar)의 혁신적 애니메이션 구현에 기여한 것으로, 2018년 요슈아 벤지오, 제프리 힌턴, 얀 르쿤이 딥러닝(Deep Learning) 기술의 수학적 원리와 신경망 모델 확립으로 현대 AI 혁명을 이끌어 수상하였다. 이런 최근 이력을 보면 튜링상의 수상자 중에서 강화학습에 대한 앤드류 바르트와 리처드 서튼이나 딥러닝에 대한 요슈아 벤지오, 제프리 힌턴, 얀 르쿤과 같이 인공지능과 관련된 연구자들이 다수 보인다. 우리는 노벨상을 주목하지만 1966년부터 미국컴퓨터학회에서 수여하고 있는 튜링상의 위치는 수학의 필즈상과 같은 것으로 평가된다. 튜링은 여전히 계산하는 기계의 선도자로 우리 곁에 있다.

## 참고문헌


Moor, J. H.(1976). An analysis of the Turing Test. *Philosophical Studies: An International Journal for Philosophy in the Analytic Tradition, 30*(4). 249.

Turing, A. M.(1936). On computable numbers, with an

application to the Entscheidungsproblem. *J. of Math, 58.* 345~363.

Warbuton, N.(2012). *A Little History of Philosophy.* Yale University Press.

## 04
# 다트머스 회의

튜링이 인공지능에 대한 여러 아이디어를 제시하고 암호 해독을 위한 튜링 머신을 고안했으며 지능이 있는지를 판단하기 위한 튜링 테스트를 제시하였지만 여전히 인공지능은 개념적인 단계에 머무르고 있었다. 집채만 한 크기의 계산기, 에니악(ENIAC)과 같은 컴퓨터, 천공장치를 사용한 계산기와 같은 기술적 단계에서도 지능을 가진 기계에 대한 연구는 지속적으로 이루어졌다. 인공지능 연구도 다른 분야와 마찬가지로 군사 기술로 투자와 연구가 이루어졌다는 점이 특기할 만하다.

AI와 사주?

## 매컬러-피츠 모델

1943년 매컬러(Warren McCulloch)와 피츠(Walter Pitts)는 "신경 활동에 내재된 생각들의 논리적 미적분"이라는 논문에서 각 신경세포의 기능은 매우 단순하지만 이들이 상호 연결되어 복잡한 계산을 하는 신경망이 만들어진다는 것을 보고 이를 기초로 한 매컬러-피츠 모델을 구현하였다. 이는 2진법 출력을 하는 방식으로 구현된 인공신경망으로 오늘날 논의되는 인공신경망(artificial neural network)의 기초가 되었다(이주선, 2021, 38쪽). 이 논문은 이후 지속적으로 재조명되었다.

## 카네기 학파

1956년 기호주의에 영향을 받은 카네기멜론 대학교의 앨런 뉴얼(Allen Newell)은 허버트 사이먼(Herbert Simon, 1916~2001)과 함께 최초 인공지능 시스템이라고 할 수 있는 '논리이론가'를 개발하였다. 이를 통해서 앨프리드 화이트헤드(Alfred Whitehead)와 버트런드 러셀(Betrand Russel)의 수학 원리에 나오는 52개의 정리 중 32개를 증명하였다(이주선, 2021, 40쪽).

노벨 경제학상 수상자인 허버트 사이먼은 조직 이론에서 의사 결정 이론을 정립하였고, 심리학과 경제학을 연결하여 행동경제학(behavioral economics)이라는 분야를 개척한 선구자 중의 한 명이다. 그는 제한적 합리성(bounded rationality)을 추구하는 의사 결정자의 의사 결정 모델을 연구하는 과정에서 '논리이론가' 모델을 개발한 것이다.

## 1956년 다트머스 회의

인공지능이란 용어는 1956년 미국 동부에서 열린 다트머스 회의에서 제안되었다(山下 康行, 2020, 20쪽). 이 회의에는 다트머스 대학교의 존 매카시(John McCarthy) 교수, 매사추세츠 공과대학(MIT)의 마빈 민스키(Marvin Minsky) 교수, 아이비엠(IBM)의 클로드 섀넌(Claude Shannon)와 네이선 로체스터(Nathan Rochester) 박사 등이 참석하였다. 정보 이론의 클로드 섀넌과 초기 인공지능 연구를 이끈 민스키 등의 유명인사들이 보인다. 양자역학(quantum physics)에 아인슈타인과 보어가 논쟁한 '솔베이 회의'가 있었다면 인공지능에는 '다트머스 회의'가 있었던 것이다.

이 회의에서 매카시와 민스키 교수가 인공지능이란 용어를 처음으로 제안하여 이 용어가 이후 사용되게 되었다(이주선, 2021, 41쪽). 매카시가 인공지능이라는 단어를 제안한 이유는 당시 다트머스 회의에서 제안된 '오토마타 이론(Automata theory)'과 구별하는 것이 필요하다는 이유도 있었고, 사이버네틱스와의 관련성을 분명히 해서 구별할 필요성이 있었기 때문이기도 했다. 결국 인공지능이라는 용어는 주제를 구별하기 위한 용어례였다(최재원, 2021, 6쪽).

컴퓨터는 단순 계산을 위한 도구로 사용되었고, 에니그마를 분석하기 위한 암호 분석기로서 튜링에 의해 고안되었다. 그러나 인공지능은 단순한 계산에 머물지 않고 추론과 탐색이 가능하게 되어 특정 문제에 대한 해답을 제시하는 것을 목적으로 하였다.

1956년 다트머스 대학교에서 지능을 가진 기계라는 주제의 학술대회가 열리고 이곳에서 인공지능이라는 용어가 고안되었다(박상길, 2022, 26쪽). 인공지능은 여러 가지 방식으로 고안되었다. 인공지능 창작과 관련해서 최근 자주 언급되는 인공지능 신경망(Artificial Neural Network)도 이런 인공지능의 하나다.

문제는 당시 논의되었던 인공지능이 단순한 가설 문제는 풀이할 수 있지만 현실 사회에서 대상이 되는 문제를 해결하기 위한 수단으로서는 한계가 있었다는 점이다. 1차 인공지능 연구의 붐은 단순한 계산기에서 인공지능이라는 개념까지 나아가도록 했지만, 현실 응용이라는 면에서는 한계가 있었다.

## 다트머스 회의가 미친 영향

다트머스 회의가 인공지능 발전에 미친 가장 중요한 영향은 '인공지능'이라는 이름이 정해지고, 개별적으로 연구하던 연구자들이 하나의 학문적 공동체로 결속될 수 있었다는 점에 있다. 대학과 연구소에서 관련 연구 프로그램을 개설하고, 연구 자금을 확보하는 데 결정적인 계기가 되었다.

모라벡의 역설(Moravec's Paradox)은 인간이 잘하는 일은 기계가 잘 못하고 기계가 잘하는 일은 인간이 잘 못하므로 생각하는 기계를 만드는 것은 어려운 과업이라는 점을 보여준다. 그 쉽지 않은 길을 가기로 한 다트머스 회의를 통해서 인공지능 연구의 핵심 의제가 제시되었다는 점에서 이후 인공지능 발전의 기초가 되었다. 다트머스 회의에서 논의된 주제들인 자동 프로그래밍, 자연어 처리, 신경망, 문제 해결, 창의성 등은 이후 수십 년간 인공지능 연구의 주요 분야가 되었다. 허버트 사이먼과 앨런 뉴얼은 회의 직후 인간의 문제 해결 과정을 모방한 최초의 인공지능 프로그램 '논리 이론가(Logic

Theorist)'를 개발하기도 했다. 그러면서 다트머스 회의 참석자들은 기계가 곧 인간의 지능을 따라잡을 것이라는 예측을 제시했다. 이런 낙관주의를 대변한 허버트 사이먼은 20년 안에 기계는 사람이 할 수 있는 모든 일을 해 낼 것이라고 했지만 실제 인공지능 연구는 이후 여러 번의 겨울을 맞이하면서 비판을 받았다.

그러나 낙관주의 없이 기술의 발전은 가능하지 않다. 이후의 답을 다 아는 우리는 당대의 다트머스 회의 참석자들이 지나친 낙관주의라고 말할 수 있지만, 낙관주의는 역설적으로 인공지능 연구를 촉진하고 사회적 관심을 촉발시켰다. 그리고 다트머스 회의에서 촉발된 브레인스토밍은 인공지능에 연구비가 투자되도록 했다. 다트머스 회의 이후 인공지능 연구는 폭발적으로 성장했다. 예를 들어 기호주의는 문제 해결과 논리 추론 분야에서 성과를 거두었다. 겨울이 있었지만 이후 컴퓨팅 파워의 발전과 데이터의 축적, 그리고 신경망 이론의 부활에 힘입어 딥러닝을 기반으로 한 인공지능은 '생각하는 기계'를 꿈꾼 다트머스 회의에서 내디딘 첫걸음에서 시작된 것이다. 암스트롱의 이야기처럼 작지만 위대한 첫 발이 다트머스 회의였던 것이다.

## 참고문헌


박상길(2022). 『비전공자도 이해할 수 있는 AI 지식』. 반니.

이주선(2021). 『AI임팩트』. 굿인포메이션.

최승재(2022). 『표준필수특허와 법』. 박영사.

최재원(2021). 인공지능의 생성물에 대한 지식재산권법적 연구. 중앙대학교 법학전문박사학위논문.

山下 康行(2019). 醫療 AI 入門. 金原出版. 양형규 옮김. 『의료 AI 입문』, 양병원출판부(2020).

McCulloch, W. S., Pitts, W.(1943). A logical calculus of the ideas immanent in nervous activity. *Bulletin of Mathematical Biophysics, 5*, 115~133. https://doi.org/10.1007/BF02478259

Piccinini, G.(2004). The first computational theory of mind and brain: A close look at Mcculloch and Pitts's “Logical calculus of ideas immanent in nervous activity”. *Synthese 141*, 175~215. https://doi.org/10.1023/B:SYNT.0000043018.52445.3e

## 05
# 퍼셉트론

뇌과학의 발전이 인공지능에 미친 영향은 상당하다. 인공지능에 대한 연구는 인간을 모사하는 것에서 시작되었다. 인간형 로봇을 개발하는 것이나 영화 〈터미네이터〉의 '킬러로봇'의 형상이 인간의 모습을 띤 것에서 보는 것처럼. 그런데 학습을 하고 학습한 결과에 따라서 의사 결정을 하는 과정은 인간의 성장 과정을 보고 모방을 하는 것인데 이 과정에서 신경망 컴퓨팅에 대한 연구는 퍼셉트론을 기점으로 인공지능 연구와 기술 발전에 중요한 영향을 주었다.

AI와 아이돌?

## 퍼셉트론

1958년 코넬항공연구소에 근무하던 프랭크 로젠블랫(Frank Rosenblatt, 1928~1971)은 인간의 두뇌가 '뉴런(neuron)'이 서로 연결된 상태로 전기신호를 보내며 정보를 전달한다는 것에 착안하여 유사하게 인공 뉴런이 연결된 인공신경망을 고안하였다.

인간의 뇌를 연구하는 학자들은 인간의 뇌를 생물학적 컴퓨터로 생각하는 것으로 보인다. 인간의 뇌를 전기적인 신호를 받아 처리하는 컴퓨터라고 할 수 있고 그 연결점이 '뉴런'이다. 인간은 입력 장치에 해당하는 눈, 코, 귀 등의 감각기관에서 정보를 받아들이고 이들 정보들을 신경망을 통해서 뇌로 전달한다. 그리고 뇌는 이들 정보를 기초로 판단을 하고 신체에 명령을 내린다. 이러한 일련의 과정은 '뉴런'이라는 신경세포를 통해 일어나며 이 과정에서 전기신호가 발생하고 전달된다. 이런 개념에서 만들어진 것이 '퍼셉트론'이었다.

그런데 당시에는 이런 개념을 구현하거나 이를 활용할 방법도 없었고, 인공적인 신경망을 제대로 학습시킬 수 있는 방법도 정립되지 않았다. 그래서 신경망 컴퓨팅의 본격적인 사용은 후일을 기약할 수밖에 없었다. 이 '퍼셉트론'은 이후 '규칙 기반 모델'의 기초가 되었다.

## if-then 구조

컴퓨터 프로그래밍이란 규칙과 데이터를 입력해 정답을 출력하는 과정을 말한다. 컴퓨터 프로그래밍은 인간이 일일이 행하고자 하는 일을 정의하고 이를 논리적으로 정리하여 체계화하여야 한다.

프로그램은 알고리즘으로 대표되는 규칙과 자료 구조로 대표되는 데이터의 결합이다. 이런 점에서 만들어진 가장 기본적인 구조가 if-then 구조다. 이 구조하에서 인간은 일일이 많은 규칙들을 입력하여야 하고, 기계는 인간이 입력한 일을 한다. 이런 식의 구조를 가진 조건문은 인공지능 기술에서도 초기 가장 많이 활용되었던 방법이기도 하다.

## 마빈 민스키

마빈 민스키(Marvin Lee Minsky, 1927~2016)는 인공지능 분야를 개척한 미국 과학자다. 매사추세츠 공과대학(MIT) 인공지능 연구소의 공동 설립자이며, 인공지능에 관련된 책들을 저술했다. 그는 뉴욕 출신으로 1944년부터 1945년까지 미국 해군으로 복무했다. 1950년 하버드대학교에서 수학 학사 학위를 받고, 1954년에 프린스턴대학교에서 수학 박사 학위를 받고 1958년부터 MIT 교수로 재직했다.

그는 "인공지능으로의 단계들(Steps Toward Artificial Intelligence)"이라는 논문에서 '패터닝(patterning)'에 대한 논의를 제시한다. 인간의 인식을 연구하면 인간은 개별적인 데이터가 아니라 일련의 패턴 인식을 통해서 고양이를 인식하고 개를 인식한다. 이를 컴퓨터 프로그램으로 인식한다면 알고리즘에 다양한 논리연산자를 포함하여 정의하여야 한다. 예를 들어 다리가 네 개인가, 두 개인가 이런 식인데, 민스키는 이런 식의 접근법이 아니라 패턴 인식으로 접근한 것이다. 민스키는 일정한 규칙, 예를 들어 네 개의 다리가 있는지에 대한 질문만으로는 고양이와 개를 구별할 수 없으며 이를 구별하는 것은 패턴을 학습하도록 하는 것이라고 보았다.

민스키는 매컬러와 피츠에게서 배운 바 있다. 민스키는 진공관을 이용해서 사람의 뇌에 있는 뉴런의 연결망을 모사하여 세계 최초의 신경망 컴퓨터인 SNARC (Stochastic Neural Analog Reinforcement Calculator)를 고안하였다. SNARC는 마빈 민스키가 설계한 신경망 기계로 민스키 편지에 따르면, 1951년 여름 조지 아미티지 밀러(George Armitage Miller)가 공군과학연구소에서 자금을 받아 당시 프린스턴 대학의 수학과 대학원생이었던 민스키에게 프로젝트를 수행하도록 했다.

기계 자체는 약 40개의 헵(Hebb) '시냅스'들이 무작위로 연결된 네트워크다. 이러한 시냅스는 각각 한 번 입력하면 신호가 들어오고 다른 신호를 출력하는 확률을 지닌 메모리로 이루어진다. '확률식'에 따라 신호 전달은 0에서 1까지 확률을 보인다. 확률 신호가 통과하면, 콘덴서는 수식을 기억한다. 운영자는 버튼을 눌러 기계의 기억에 대한 보상을 준다.

또 민스키는 1961년 제임스 슬레이글(James Slagle)과 함께 대수학 문제를 푸는 SAINT(Symbolic Automatic INTegrator)를 개발하였다. SAINT는 최초의 전문가 시스템(expert system)으로 불린다.

## 자연어 처리와 언어모델

자연어는 인간의 언어를 말하는 용어다. 검색 엔진을 이용함에서 인간의 언어를 입력하여 직관적으로 검색하려고 하는 시도는 인공지능 기술과 함께 발전하여 왔다. 구글의 성공도 배경에 이런 자연어 검색이 있다. 그리고 인공지능 기술의 발전은 자연어 검색 단계를 바꾸어 버릴 것으로 생각한다. 우리가 한국어를 검색창에 입력하는 등의 방법으로 컴퓨터에 입력하면 컴퓨터가 이에 대응하여 검색 결과를 보여 주는 자연어 검색 시스템은 1964년 STUDENT에서 시작된다. 이 프로그램은 당시 매사추세츠 공과대학 대학원생이었던 대니얼 보브로(Daniel Bobrow) 등에 의해서 개발되었는데 패턴 매칭(pattern matching) 기술이 이용되었다.

1969년 스탠퍼드 대학교의 로저 섕크(Roger Schank)는 '개념 종속 이론'을 이용하여 인공지능에 사용될 자연어 이해 모델을 만들었다. '개념 종속 이론'은 사용 언어와 상관없이 어떤 두 문장도 의미가 같으면 개념 종속성에 따라서 같이 표현되어야 한다는 주장으로 로저 섕크는 이 이론을 개념적 종속성으로 표현하였다. 자연어 처리에 대한 연구는 언어 모델의 발전에 영향을 미친다. 인간의 뇌를 연구하여 이를 모방하는 퍼셉트론이, 인간의 언어를 연구하여 인간의 언어인지를 모방하는 연구가 언어 모델을 발전시키게 된 것이다.

### 참고문헌

https://ko.wikipedia.org/wiki/SNARC. 2022. 12. 24. 최종접속.

Schank, R. C.(1972). Conceptual dependency: A theory of natural language understanding. *Cognitive Psychology*, *3*(4), 552~631.

## 06
# 인공지능 낙관주의 그리고 닥친 암흑기

1950년대에서 1970년대 미국에서의 연구는 여러 면에서 진전이 있었다. 미국 국방연구소의 지속적인 자금 지원으로 인해서 인공지능 기술의 발전이 가시화하자 낙관주의가 연구자들 사이에 퍼졌다. 그러나 이런 기술 낙관주의는 연구를 이끌어 가던 연구자의 갑작스러운 사망, 미국의 베트남전에서의 고전과 이로 인한 자금 지원 중단 그리고 연구 진척이 느린 상황 등이 합쳐지면서 암흑기로 이어진다.

AI와 야구?

## 미국 국방부 고등연구청

1950년대 후반부터 1970년대 초반까지 개발되었던 알고리즘들은 대수학 문제의 해결과 기하학의 정리 증명을 해냈다. 인공지능의 발전으로 낙관주의가 과학계에 퍼지게 되었다. 어빙 굿(Irving Good, 1916~2009)은 초지능 기계의 등장으로 지능 폭발이 발생하고, 이로써 기계가 인간을 초월하게 될 것으로 보아 이 초지능 기계가 인간의 마지막 발명이 될 것으로 예견하였다.

미국 국방부 고등연구청(ARPA, 현재 DARPA, Defense Advanced Research Projects Agency)은 미국의 인공지능 연구를 주도하였다. 이 연구소는 미국 국방성 산하 핵심 연구 개발 조직 중 하나다. 군사 기술로 항공기, 미사일 등을 군산 복합 기업들과 같이 연구한다. 이 연구소는 이 과정에서 슈퍼컴퓨터를 포함한 초대형 컴퓨터, 패킷 통신 기술 등을 연구 개발하였다. 특히 1969년 DARPA에서 군사 네트워크를 개발하기 위해 최초로 네트워크 개념과 인터넷의 원형인 '아파넷(ARPANET)'을 개발하여 그것이 현재의 인터넷으로 발전하였다. 1963년 인간과 컴퓨터 간의 새로운 차원의 상호작용을 목적으로 한 MIT 프로젝트 MAC(Mathematics and Computation)을 통해서 음성인식(Speech recognition) 기술도 개발되었다. 튜링의 연구가 2차 세계대전 시기의 군사 기술 개발을 위해서 진행되었던 것처럼 ARPA는 인공지능에 대한 투자를 확대하면서 이 분야 연구를 주도하였다.

## 인공지능 1차 암흑기

인공지능의 낙관론은 1974년 이후 암흑기에 빠지게 된다. 인공지능의 낙관론이 과학계에 퍼지면서 많은 투자가 이루어졌지만 현실적으로 결과물이 제대로 성과를 내지 못했다.

당시에도 2023년에 논의되는 논리적인 아이디어들은 존재하였다. 그러나 컴퓨터의 컴퓨팅 파워가 부족했고, 학습에 사용할 수 있는 학습용 데이터도 부족했다. 그리고 인공지능에 요구하는 문제도 복잡성이 증대되었지만 이에 반해 처리 능력의 증대는 기대에 미치지 못했다.

이런 가운데 1969년 마빈 민스키(Marvin Lee Minsky)와 시모어 패퍼트(Seymour Papert)는 『퍼셉트론(Perceptrons)』이라는 책을 발표하면서 단일 신경망의 한계를 지적했다. 퍼셉트론은 and, or, NAND (Negative AND, 디지털 회로 분야에서 모든 입력이 참일 때에만 거

짓인 출력을 내보내는 논리 회로) 같은 선형 문제를 풀 수 있을 뿐, XOR(eXclusive OR, 배타적 논리합으로 주어진 2개의 명제 가운데 1개만 참일 경우를 판단하는 논리 연산)과 같은 비선형 문제에는 적용할 수 없다는 것을 수학적으로 증명했다. 이들의 주장으로 인공신경망의 한계가 드러난 것이다. 민스키와 패퍼트가 『퍼셉트론』이라는 책에서 로젠블랫이 개발한 퍼셉트론이라는 신경망 인공지능은 AND, OR과 같은 선형 구분 문제는 해결할 수 있으나 XOR 문제는 해결할 수 없다는 주장을 한 이후, 이에 대한 방어가 제대로 되지 않자 신경망 컴퓨팅은 인공지능을 위한 방법론이 될 수 없다는 인식이 보편화되었다(이주선, 2021, 50쪽).

## XOR 문제와 신경망 머신러닝

그림 2에서 OR이나 AND의 경우에는 하나의 직선으로 구분(분류)을 하는 것이 가능하지만, XOR 문제의 경우에는 하나의 직선으로 나눌 수 없게 된다. 이 문제를 해결하기 위해서는 두 개의 직선을 사용하거나 곡선을 사용하는 방법 외에는 없게 된다. 이 문제를 해결하기 위해서 로젠블랫이 생각한 것이 다층(多層) 퍼셉트론이다.

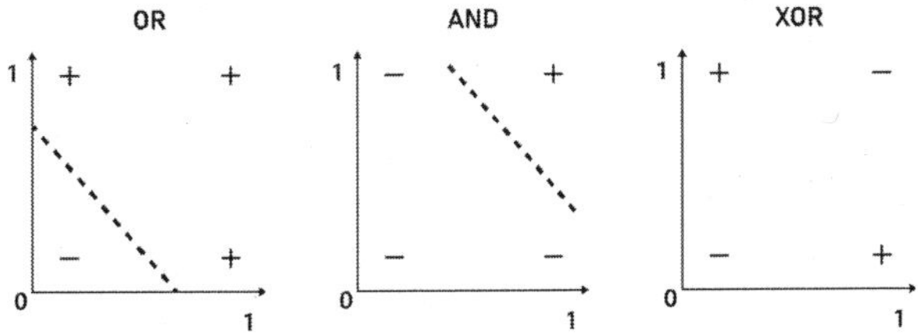


| $x_1$ | $x_2$ | $y$ |
|---|---|---|
| 0 | 0 | 0 |
| 0 | 1 | 1 |
| 1 | 0 | 1 |
| 1 | 1 | 1 |

| $x_1$ | $x_2$ | $y$ |
|---|---|---|
| 0 | 0 | 0 |
| 0 | 1 | 0 |
| 1 | 0 | 0 |
| 1 | 1 | 1 |

| $x_1$ | $x_2$ | $y$ |
|---|---|---|
| 0 | 0 | 0 |
| 0 | 1 | 1 |
| 1 | 0 | 1 |
| 1 | 1 | 0 |

그림 2. OR이나 AND의 경우에는 하나의 직선으로 구분(분류)을 하는 것이 가능하지만, XOR 문제의 경우에는 하나의 직선으로 나눌 수 없다.

퍼셉트론은 애초 단층 신경망(single layer neural network)을 이용함에 글씨를 인식하는 인식 능력의 한계를 보였다. 로젠블랫은 퍼셉트론을 다층 신경망을 가진 신경망 컴퓨팅을 하도록 함으로써 첫 층위에서 나온 출력값을 다른 층에 입력해서 해결하려고 하였지만 이런 시도는 성과를 거두지 못했고, 1971년 요트 사고로 사망하였다(이주선, 2021, 41쪽). 로젠블랫이 '다층 퍼셉트론'으로 해결하려고 한 것이 바로 'XOR 문제'다. 그리고 이 문제는 다른 여러 가지 문제들과 함께 인공지능의 한계를 노정하였고 그 결과 상당 기간 인공지능 연구는 혹한(酷寒)을 맞이하게 되어 연구자들은 지원을 받지 못하게 된다.

1973년 영국 과학연구원(SRC, Science Research Council)이 『라이트힐 보고서(Lighthill Report)』를 통해 AI는 전망이 과장된 데다 실생활에 영향을 끼치지 못할 거라고 결론 내렸다. 라이트힐 경(卿)은 보고서에서 알고리즘이 문제가 여러 가지로 조합되어야 하는 경우 기하급수적으로 확대되는 복잡성을 해결할 수 없으므로 인공지능은 유용성이 없다고 지적했다. 보고서는 인공지능이 해결해야 할 문제의 폭발적인 조합 증가(Combinational explosion)를 인공지능이 해결할 수 없다는 결론을 내렸다. 이 보고서를 받아 본 영국 정부는 인공지능연구소를 해체했다.

1976년 미국 국방과학연구소(DARPA)도 기대하던 만큼 성과가 나오지 않자 매년 지원하던 300만 달러의 지원금을 중단하였다. 이로써 인공지능 연구는 첫 번째 암흑기에 빠지게 된다.

특히 '인공신경망'에 대한 불신은 이후 인공지능의 2차 붐이 왔음에도 사라지지 않았다. 학술지에 게재되기 위해서는 '신경망'이라는 단어를 사용하지 않아야 되는

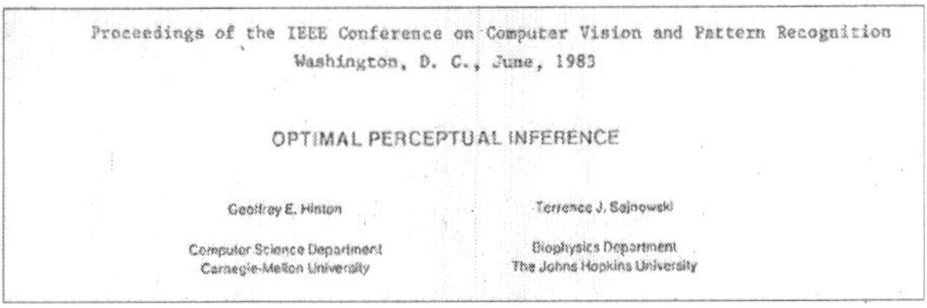
Proceedings of the IEEE Conference on Computer Vision and Pattern Recognition
Washington, D. C., June, 1983

OPTIMAL PERCEPTUAL INFERENCE

Geoffrey E. Hinton
Computer Science Department
Carnegie-Mellon University

Terrence J. Sejnowski
Biophysics Department
The Johns Hopkins University

그림 3. 인공지능계의 거장 제프리 힌튼이 1983년 IEEE에 게재한 논문의 첫 페이지.

수준이었기 때문에 디프러닝(deep learning)의 선구자라고 할 수 있는 제프리 힌튼(Geoffrey Hinton, 1947~)은 1983년 최적 인식 추론에 대한 논문을 게재하기 위해서 '신경망'이라는 용어를 사용하지 않았다고 한다.

## 참고문헌


이주선(2021). 『AI임팩트』, 굿인포메이션.

Good, I. J.(1962). Speculations concerning the first ultraintelligent machine. *Advances in Computers, Elsevier*, Volume 6, 31~88.

Hinton, G. E. & Sejnowski, T. J.(1983). Optimal perceptual inference. Proceedings of the IEEE conference on Computer Vision and Pattern Recognition, *448*.

https://blog.naver.com/totalcmd/222707011880에서 XOR문제 이미지 인용.

## 07
# 신경망 인공지능

인공지능 개발에서 늘 모방의 대상이 된 것은 인간이었다. 그리스, 로마 시대부터 내려온 인공지능에 대한 인간의 욕망은 인간이 스스로 창조주가 되어 생각할 수 있는 무언가를 만들려는 것이었다. 이런 점에서 인공지능을 개발하면서 인간의 신경망을 모방하려고 한 것은 전혀 이상할 것이 없다. 인공지능이 전문가 시스템으로 기능하면서 전문가를 보조하는 것은 인공지능의 발달사에 중요한 이정표였다.

AI와 윤동주?

## 신경망 인공지능

뉴런신경망 시스템은 인간의 인식 구조를 모사하는 방식을 취하여 복잡한 수학적 모델링에 기반한 네트워크를 형성하고 있다. 인공신경망은 자연신경망을 모방하도록 설계된 수학적 모델링을 기반으로 한다.

인공신경망에 대한 논의는 1950년대 이후 존재하였으나 컴퓨팅 파워의 부족, 학습에 사용할 수 있는 데이터의 부족 등의 한계에 봉착하였다. 특히 1969년 민스키(Marvin Minsky)와 패퍼트(Seymour Pappert)가 출간한 『퍼셉트론(Perceptron)』이라는 책에서 로젠블랫이 개발한 신경망인 퍼셉트론이 AND, OR과 같은 선형 문제는 해결할 수 있으나 XOR 문제는 해결할 수 없다는 정리를 증명함으로써 관련 연구는 암흑기를 맞게 된다(이주선, 2021, 48~49쪽). 신경망 학습을 하는 인공지능의 소프트웨어 구조와 수학적 요소인 인공신경망은 자연 신경망을 대략적으로 모델링한다. 이런 '디프러닝'은 기존의 '머신러닝'과 비교할 때, 더 정교한 형태의 기계 학습이다. 간단한 예는 특정 항목의 레이블이 지정된 수천 개의 이미지를 제공하여 이미지에서 특정 레이블과 일관되게 상관되는 시각적 패턴을 찾을 수 있는 객체 인식 시스템이다.

## 인간의 신경망

인간의 경우 신경망은 복잡한 네트워크로 연결된 수십억 개의 뉴런(neuron)으로 구성된다. 한 뉴런은 다른 뉴런에게 시냅스(synapse)에서 신호를 보낸다. 뉴런은 다른 뉴런에 입력 신호를 보내어 컴퓨터와 같이 입출력 신호를 통해서 정보를 처리한다. 수많은 뉴런의 연쇄 송신 패턴은 '비선형적'이다(Otsuka Pharmaceutical Co Ltd v Generic Health Pty Ltd, 2016). 뉴런의 축삭돌기 말단에서 나온 화학적 신호는 다른 뉴런의 가지돌기의 수용체로 전해진다.

도파민(dopamine)이나 세로토닌(serotonin)과 같은 신경전달물질(neurotransmitters)은 특정 화학 작용을 일으킨다. 뉴런들은 서로 떨어져 있는데 떨어져 있는 뉴런이 서로 전기적인 신호를 전달하기 위해서 신경전달물질이 필요한 것이다. 이 전달은 뇌, 중추신경계의 다른 부분 및 말초신경계에서 발생한다. 말초신경계 내의 전달은 호흡, 심장 박동, 움직임 및 일반적으로 모든 중요한 신체 기능을 조절한다. 이런 신경계 내에서의 조절은 신경전달물질을 통해서 이루어진다. 즉 이런 신경전달물질이 없다면 인간은 생존할 수 없게 된다. 뇌와 척수가 핵심 구성 요소인 중추신경계로 들어오고 나가는 전기신호가 이들 신경전달물질에 의해 조정된다. 이러한 일상적인 기능을 조정하는 것 외에도 중추신경계는 생각(인지) 및 느낌(감정)을 다루는 다른 역할도 한다. 한 뉴런에서 다음 뉴런으로의 신호(전기 자극) 전송은 신경전달물질이 축삭(axis cylinder, 軸索)의 시냅스 간격(synaptic gap)을 통해 전달됨으로써 이루어진다. 이를 통해서 전기신호는 신경전달물질을 통해서 릴레이 하듯 시냅스에서 다른 뉴런에게 전달된다. 신경전달물질은 수용체(receptor)에 결합하고 활성화되는 것이다.

신경 전달은 활동 전위가 뉴런에서 시작되어 시냅스 전 뉴런의 신경 말단에 도달할 때 발생한다. 이와 같은 뉴런은 신호가 이동할 수 있는 네트워크(신경망)의 형태로 배열된다. 정보는 다른 많은 뉴런으로부터 각 뉴런에 도착한다. 인간의 뇌에는 약 100조 개의 시냅스를 만드는 약 1000억 개의 뉴런이 있다. 정보는 뇌에서 전달되고 신호는 신경 자극을 통해 몸 전체로 전파된다. 이들 뉴런은 순차적으로만 이어져 있는 것이 아니라 서로 복수의 연결을 통해서 신호가 정확한 신호인지를 체크하기도 한다. 이와 같은 생체 신호와 그 전달은 생존에 필수적인 기능을 조정하고 인간의 인지와 지능을 형성한다.

## 전문가 시스템

인공지능이 다시 주목받게 되는 것은 전문가 시스템과 5세대 컴퓨터 프로젝트에 의해서였다. 이전의 인공지능 연구가 '범용인공지능'을 개발하려고 한 것이었다면, 2차 인공지능 붐에서의 인공지능 연구는 특정한 분야에 국한된 전문지식에 한정하는 것이 특징적이다. 이와 같은 방향성을 전문가 시스템이라고 한다(山下 康行, 2020, 21쪽).

전문가 시스템이란 인공지능이 특정 분야의 전문 지식을 확보해 그 분야의 전문가처럼 행동하는 것이다. 대표적인 사례로 마이신(Mycin)이 있다. 마이신은 미국 스탠퍼드 대학교에서 개발된 것으로 감염증 진단과 치료를 지원하는 전문 시스템이다. 이 시스템은 환자의 증상이나 처한 상황을 분석해 원인균을 진단하는 시스템이었다. 이 시스템의 시작이 되는 것은 DENDRAL(DENDritic ALgorithm)로 유기물로부터 화학 분자 구조를 식별하는 것을 목표로 하였다(이주선, 2021, 52쪽).

다른 분야의 전문가 시스템으로 XCON(eXpert CONfigurer)이 있다. 이 시스템은 데크(DEC, Digital Equipment Corporation)사의 VAX 컴퓨터 시스템이 소비자의 주문에 따라 컴퓨터 부품을 자동 선택하는 일을 하게 하였는데 1980년 데크의 뉴햄프셔주 살렘 공장에 배치되어 1986년까지 8만 개의 주문을 95~98% 정확하게 처리하여 2500만 달러의 비용 절약을 한 것으로 알려졌다(이주선, 2021, 52쪽). 이 시스템에 자극받은 일본은 1982년 당시 통산성이 550억 엔을 들여서 5세대 컴퓨터 프로젝트를 진행하게 하였다. 이 프로젝트에서는 다수의 일본 기업들이 관여하였다. 미국 시카고 대학교의 도이 구니오(Kunio Doi) 교수에 의해서 개발된 컴퓨터 지원 진단 프로그램 'Computer Aided Diagnosis(컴퓨터 진단)'도 이 프로젝트의 일환이다(山下 康行, 2020, 21쪽).

일본 정부는 이 프로젝트를 통해서 사람처럼 인공지능이 프로그램을 작성하고 인간과 대화를 할 수 있으며 언어를 번역하고 이미지를 해석할 수 있도록 하는 것을 목표로 하였다(이주선, 2021, 53쪽). 컴퓨터 지원 진단 프로그램은 컴퓨터가 의료 영상의 정보를 정량화하거나 분석하면 그 결과를 의사가 다시 판정해 진단에 이용하는 시스템이다. 특히 유방암이나 폐암과 같은 질병의 병변 검출, 악성 종양 감별에 이용되었다. 이 결과물을 이용해서 의사는 영상 판독의 정확도와 속도를 높일 수 있었다.

일본의 프로젝트에 자극받은 미국도 1983년 국방과학연구소(DARPA)의 주도로 전략적 컴퓨팅을 위해서 인공지능 연구를 재개하였다. 1985년 시카고 대학교 쿠르트 로스만 연구소의 도이 교수 등이 연구를 개시했다. 1998년 시카고 대학에서 라이선스를 받은 벤처기업이 타르 유방 촬영술을 상품화했지만 정작 일본에서는 보급되지 않았다(山下 康行, 2020, 22쪽). 당시 인공지능 관련 학회에서 신경망을 활용한 진단이 발표되었다. 영국도 1983년 다시 인공지능 연구를 정부 차원에서 시작하였다.

## 역전파

신경망 인공지능이 부딪힌 문제 중에서 XOR 문제도 1974년 하버드 대학교 박사 과정의 폴 워보스(Paul Werbos)가 제안한 역전파(Backpropagation) 알고리즘을 통해서 해법이 제시되었다.

인공신경망은 입력층, 은닉층, 출력층이라는 세 개의 층을 가지고 있다. 이 신경망에도 뉴런이 있다. 순전파란 이들 신경망의 순서대로, 들어온 신호가 가중치가 곱해지고 그 결과값이 출력층으로 가서 다시 다음 입력값이 되는 구조를 가지는 것을 말한다. 그런데 이런 순전파에 비하여 출력층에서 역으로 입력층으로 향하는 방식(역전파 방식)이 오차값이 적다는 것이 발견되었다.

이를 토대로 1986년 힌튼(Geoffrey Hinton)은 《네이처》 지에 퍼셉트론 XOR 문제를 해결하기 위한 다층 퍼셉트론에 발생하는 경사의 발산 내지 소멸 문제를 해결하는 역전파 공식을 제안한 "오류 역전파를 통한 표상학습"이라는 글을 발표했다(이주선, 2021, 57쪽). 당시 컴퓨터가 스스로 필요한 정보를 수집해서 축적하는 것이 불가능하였기 때문에 사람이 일일이 정보를 입력해야 했다. 그리고 역전파 이론을 통해서 XOR 문제가 해결되었다고 하더라도 역전파를 이용하기 위해서는 필요한 '레이블'이 붙어 있는 데이터가 많아야 하는데 이런 데이터가 부족해서 적은 데이터로 학습을 하게 되면 오히려 단층 퍼셉트론보다 성과가 좋지 않은 문제가 발생했다. 이를 과적합(overfitting) 문제라고 한다. 이런 과적합으로 인해서 해를 구하는 알고리즘으로 최솟값에 접근하는 방식으로는 한계가 명백했다. 이런 데이터 부족은 더 이상의 인공지능 연구를 어렵게 했다. 그 결과 다층 신경망 인공지능을 사용한 결과는 통계 기법 알고리즘보다 성과가 못했다.

결국 과적합의 문제를 포함한 여러 문제들을 해결하

는 것에서 한계가 극복되지 못하는 것으로 보이자, 1995년 인공지능 연구는 다시 수면 아래에 가라앉았다(山下康行, 2021, 22쪽).

## 참고문헌


이주선(2021). 『AI임팩트』. 굿인포메이션.

山下 康行(2019). 醫療 AI 入門. 金原出版. 양형규 옮김. 『의료 AI 입문』, 양병원출판부(2020).

Otsuka Pharmaceutical Co Ltd v Generic Health Pty Ltd (No 2) (2016) 120 IPR 431.

Werbos, P. J.(1990). Backpropagation through time: what it does and how to do it. *Proceedings of the IEEE, 78*(10), 1550~1560.

## 08
## 인공지능 3차 붐과 제프리 힌튼

인공지능을 디프러닝을 통해서 부활시킨 인물이 제프리 힌튼이다. 제프리 힌튼은 한계에 봉착한 전문가 시스템을 넘어서는 방법으로 디프러닝이라는 돌파구를 제시하였다. 머신러닝은 빅데이터와 컴퓨팅 파워의 증대라는 기반 기술 발전에 터 잡아 급성장하고 있다. 인공지능의 학습은 지도 학습, 비지도 학습, 배치 학습, 온라인 학습, 규범 기반 모델과 사례 중심 모델 등 다양한 기법들이 존재한다. 이런 학습을 통해서 인공지능 프로그램이 개발된다.

AI와 한의학?

## 인공지능의 위기와 부활

인공지능 연구는 1988년부터 1993년까지 다시 암흑기를 맞이한다. 1988년의 상황을 보면, 애플와 아이비엠(IBM)의 범용 컴퓨터들의 성능이 급격히 좋아지면서 가격도 낮아졌다.

1990년 필자가 대학에 입학했을 때 전산실에 있던 X86데스크탑 컴퓨터의 사양은 매년 급격하게 개선되었다. 반면 2차 인공지능 붐에서 개발되었던 전문가 시스템들의 개선은 느렸다. 최초로 성공한 전문가 시스템이었던 XCON(eXpert CONfigurer)의 경우 유지 비용은 비싸고, 업데이트는 어렵고, 학습은 제대로 되지 않았다. 이 상황에서 특정한 영역에서만 용도가 제한되는 전문가 시스템을 구매하여야 할 이유는 줄어들었다. 결국 시장에서 인공지능은 미국과 일본 정부를 비롯한 각국 정부의 지원 중단과 함께 사라지게 되었다(Ranger, 2021, 54쪽).

그렇지만 인공지능의 부활을 위한 바탕이 점차 개선되고 있었다. 1994년 최초의 인터넷 검색 엔진인 넷스케이프(netscape)가 인터넷을 통해서 사람들을 연결할 수 있게 되었다. 그리고 이런 인터넷 기술의 발전은 컴퓨터가 이용할 수 있는 정보의 양을 폭발적으로 증대했다. 이런 디지털 데이터 양의 증가와 함께 컴퓨팅 파워도 개선되었다. 마이크로칩 집약 속도에 대해서 1965년 인텔의 무어가 예언한 '무어의 법칙(Moore's law)'에서 확인할 수 있는 것처럼 반도체 집적회로의 성능은 급속하게 개선되었고, 그 결과 컴퓨터칩의 연산 속도는 급격하게 증가하였다. 통신 기술의 발전으로 인해서 유선통신은 무선통신으로 이어지고 무선통신도 세대를 거듭하면서 교환 가능한 데이터 양을 증대했다. 그리고 마침내 필자가 마이크로소프트에 재직하던 2007년 즈음 클라우드 컴퓨팅(cloud computing)이 주류적인 논의의 장으로 입장하고 있었다.

인공지능 부활을 가능하게 한 두 가시는 결국 컴퓨팅 파워의 증가와 빅데이터(디지털 데이터의 증가)라고 요약할 수 있다. 컴퓨팅 파워는 1997년 아이비엠의 '디프블루(Deep Blue)'가 체스 세계 챔피언 가리 카스파로프(Garry Kasparov)를 이김으로써 확인되었다. 디프블루는 인공지능이라고 보기보다는 초당 2억 개의 체스 위치를 평가할 수 있는 매우 빠른 컴퓨터였다(이주선, 2021, 62쪽). 디프블루는 무차별적 연산 능력에 기초한 알고리즘을 사용했고 이런 연산 능력은 그것이 마치 지능을 가진 것처럼 묘사되게 하였다(Ranger, 2021, 55쪽).

## 제프리 힌튼

캐나다 토론토 대학의 제프리 힌튼 교수(Geoffrey Hinton, 1947~)는 2000년대 중반에 컴퓨터 성능 향상과 제어 기술 연구를 바탕으로 디프러닝이라는 머신러닝 개념을 발표하였다.

그는 인공지능 연구의 개척자 중 한 사람으로 그가 개척한 디프러닝 기술은 인공지능 붐이 되살아나는 계기가 되었다. 제프리 힌튼 교수는 2023년 구글(Google)을 떠날 때 GPT-4와 같은 멀티모달 대규모 언어모델(LLM, Large-scale Language Model) 인공지능의 위험성을 지적하면서 인공지능이 발전할 경우에 인류에게 미치게 될 위험을 경고한 인물로도 유명해졌다. 여담이지만 교수들의 기업에서의 자문 활동은 매우 중요하다. 노벨 경제학상을 공동 수상한 폴 밀그럼(Paul Milgrom)과 로버트 윌슨(Robert Wilson) 미국 스탠퍼드 대학 교수의 업적은 경매 이론이다. 그들의 경매 이론은 주파수 경매, 천연가스 경매, 항공기 이·착륙 권리 경매, 글로벌 검색 사업자들의 핵심 비즈니스 모델인 온라인 검색 광고에도 적용됐다. 이런 이론과 사업의 접목을 잘 보여 주는 사례가 구글의 수석이코노미스트 할 베리언(Hal Ronald Varian, 1947~) 교수다. 그는 2002년부터 구글에서 자신의 연구를 사업에 연결하고 있다.

힌튼의 연구를 통해서 구글의 고양이 인식이나 알파고, 아이비엠의 왓슨 등 여러 가지 활용 사례들이 등장하였다. 이전에는 전문가 시스템이 우위였던 인공지능 대회인 대규모 시각 언어 인식 기능(ILSVRC, Image Net Large Scale Visual Recognition Competition)에서 2012년 제프리 힌튼 교수팀이 디프러닝으로 압도적인 승리를 거두면서 디프러닝은 이후 인공지능 연구에서 주류가 되었다(山下 康行, 2020, 23쪽). 힌튼은 이후 구글에서 퇴사한 2023년 이후 지속적으로 인공지능이 인류에 위험을 야기할 수 있다는 경고를 하고 있다.

## 머신러닝과 인공지능 학습

소프트웨어 기술에는 인공지능 외에도 다양한 기술이 있다. 운용체계 소프트웨어, 프로그램을 작성하는 프로그램 언어, 인터넷을 운용하거나 보안을 다루는 소프트웨어 등 다양한 소프트웨어가 있다. 소프트웨어란 단순히 말하자면 인간의 생각이나 업무 절차를 코딩한 것이지만 모든 소프트웨어가 인공지능 기술은 아니다. 인공지능은 소프트웨어의 하나일 뿐이다. 그래픽 기술은 인공지능 기술에 사용되지만 그 자체가 인공지능만을 위한 기술은 아니다(김진형, 2020, 46쪽).

머신러닝은 다양하게 이루어진다. 훈련용 데이터를 이용하여 지식을 축적하는 시스템도 있고, 성공과 실패를 경험하면서 판단 능력을 높이는 시스템도 있다. 적자생존에 의한 진화를 모방하여 우수한 대안을 찾는 방법론도 있다(김진형, 2020, 47쪽). 인공지능 연구에서 이런 방법론들은 서로 경쟁하면서 서로에게 영향을 주면서 공진화(co-evolution)하고 있다.

머신러닝은 풀고자 하는 목표에 따라서 '지도 학습(supervised learning)'과 '비지도 학습(un-supervised learning)'으로 구별된다. 지도 학습은 입력 데이터와 출력 데이터가 모두 필요하다. 비지도 학습은 입력 데이터만 제공하면 입력 패턴을 파악해 비슷한 데이터끼리 그룹화한다. 이 외에도 지도 학습과 비지도 학습과 같은 고정적이고 명확한 데이터를 바탕으로 한 학습이 아닌 강화 학습(reinforcement learning)도 있다. 지도 학습은 입력 데이터와 그 데이터의 출력 데이터를 컴퓨터에 입력해 특징이나 규칙을 학습하는 방법이다. 이 경우 학습을 위한 데이터가 많이 필요하다. 다중회귀모델 등에서는 많은 데이터가 필요하지 않을 수 있으나 의료 인공지능dptj 시티(CT) 영상 판독과 같은 경우에는 머신러닝

특히 디프러닝을 하려고 하는 경우에는 빅데이터가 필요하다.

인공지능 데이터는 '분류 문제'가 있다. 이는 데이터를 여러 그룹으로 나누는 것을 말한다. 학습한 출력 결과는 예를 들어 의료 인공지능의 경우 질환의 유무, 종양의 종류 등에 대한 이산(離散)값이 된다. 여기서 이산값은 변수의 가능치가 도약적으로 변하게 되는 값을 말한다. 예를 들어 의료 인공지능의 경우를 보면, 종양이 양성인지를 판단하게 되는 것을 의미한다. '분류 문제'는 입력된 데이터가 어느 그룹에 속하는 것인지를 판단하는 문제인데, 이와 비교되는 것이 '회귀 문제'다. '회귀 문제'는 데이터군에서 그 데이터를 잘 설명할 수 있는 선을 구해 수치로 답을 내는 문제를 말한다. 단순 회귀나 다중 회귀가 대표적인 문제다. 대표적인 회귀 문제가 키를 보고 체중을 예측하는 것이다(山下 康行, 2020, 45쪽).

## 머신러닝과 디프러닝

디프러닝(deep learning)과 머신러닝(machine learning)의 관계를 정의한다면 디프러닝은 머신러닝의 한 종류다. 그리고 머신러닝은 인공지능의 하나다. 머신러닝의 시작은 1956년 다트머스 회의다. 머신러닝은 기계에 데이터를 입력해 학습하도록 함으로써 데이터에 내재된 패턴이나 특성을 기계가 발견해 문제를 해결하도록 하는 기술이다. 디프러닝은 머신러닝의 한 가지 기술로 신경망을 발전시킨 것이다.

디프러닝에서 다층 인공신경망을 훈련시키는 방법이 여러 가지가 있다. 세부적으로 구조와 훈련 기법에 따라서 DNN(Deep Neural Network), CNN(Convolution Neural Network), RNN(Recurrent Neural Network), GAN(Generative Adversarial Network) 등 여러 가지로 나뉜다. 머신러닝은 종래 인간이 사물의 특징을 미리 컴퓨터에 입력해 가르쳐 주어야 했다. 이에 비해 디프러닝은 인간의 지시 없이 인공지능 스스로가 색이나 모양 등의 특징량을 학습하고 구별한다. 이를 통해서 디프러닝은 데이터를 더 많이 줄수록 스스로 학습하면서 지능의 수준을 높이게 된다.

지도 학습은 입력과 출력 간의 관계를 학습하는 데 사용된다. 입력과 그에 해당하는 출력 쌍으로 주어진 훈련 데이터 집합에서 입력과 출력 간의 함수관계를 배우도록 하는 것이다(김진형, 2020, 137쪽). 지도 학습에서는 입력출력 데이터 세트를 차례로 학습하면서 그때마다

모델을 미세하게 조정하게 된다. 그러면서 인식 알고리즘을 통해서 특징적인 패턴을 이해하게 된다. 이를 통해서 학습을 반복하면 인공지능은 가장 좋은 분류를 선택하게 된다. 지도 학습은 많은 데이터를 사용해 최적의 함수를 자동으로 발견한다. 함수를 만드는 복수의 매개변수를 찾아서 그 속에서 가장 최적화된 1개의 함수로 표현함으로써 정밀한 예측 학습 모델을 찾아내게 되는 것이다. 그리고 그 학습 모델을 이용해서 미지의 데이터를 분류하거나 식별한다. 이 경우 독립변수는 중요한 변수와 중요성이 떨어지는 변수가 있는데, 그중 중요한 변수에 가중치를 두게 된다. 이런 가중치의 부여는 신경망이나 디프러닝에서의 학습 모델에서도 사용되게 되는데, 인공지능 모델의 가중치 부여는 학습을 통해서 최적화된다.

입력 데이터의 학습을 하기 위한 방법 중 데이터를 모두 읽고 학습이 올바르게 행해졌는지를 판단한 뒤에 피드백을 시행하는 방법을 '배치 학습(batch learning)'이라고 한다. 그리고 데이터를 한 개씩 읽고 모델 갱신을 반복하는 방법의 학습을 '온라인 학습(online learning)'이라고 한다. 대량의 입력 데이터를 일괄적으로 학습하는 경우 배치 학습을 통해서 피드백을 하게 되면 고속 처리가 가능해진다는 장점이 있다. 배치 학습을 하게 되면 새로운 데이터에 대한 학습을 위해서는 새로운 데이터와 종래의 데이터를 모두 사용하여 새로운 버전으로 처음부터 다시 훈련을 시켜야 한다.

반면 온라인 학습은 데이터를 한 개씩 읽고 모델 갱신을 반복하기 때문에 학습 시간이 오래 걸린다는 단점과 1회 학습당 계산량이 적다는 장점이 공존한다. 1회 학습당 계산량이 적다는 장점은 변화에 유연하게 대응 가능하다는 뜻이기도 하다. 최근 디프러닝에 의한 고도의 머신러닝 모델은 정확도 향상을 위해서 방대한 데이터를 이용해 수시로 학습을 하여야 하기 때문에 '온라인 학습'을 이용한다.

지도 학습에서는 데이터를 정확하게 설명할 수 있는 복잡한 모델을 사용하면 얼마든지 오류를 줄일 수 있다. 그러나 학습 데이터에 정확하게 근사(近似)시킨 모델이 좋은 모델이라고 할 수는 없다. 많은 데이터를 학습하면 학습 데이터와의 오차가 영(0)으로 수렴하게 된다. 그러나 이런 모델은 학습 데이터 이외의 데이터를 사용할 때는 적합한 방법론이 아니다. 이런 문제는 '과적합(overfitting)' 문제라고 한다.

모델이 학습을 지나치게 많이 해서 일반성이 사라지

고 새로운 데이터에 대응할 수 없게 되는 상황을 말한다. 인공지능의 범용성이 없어지게 되는 것이다. 특히 전체를 충분히 반영하고 있다고 볼 수 없는 적은 양의 데이터를 사용하여 복잡한 모델에 적용하게 되면 이런 '과적합' 문제에 당면할 수 있다.

## 머신러닝과 오픈소스

구글이나 페이스북, 아마존과 같은 기업들은 자사의 머신러닝 엔진을 누구든지 사용할 수 있도록 무료로 공개한다. 이들은 소스코드를 공개하여 오픈소스 형식으로 제공하면서 오픈소스 소프트웨어를 활용할 수 있도록 하고 있다.

대표적인 것이 구글의 텐서플로(Tensor Flow)다. 이 소프트웨어는 디프러닝과 머신러닝 등에 활용하기 위해서 개발된 소프트웨어로서 연구자들이나 개발자 커뮤니티에서 다양한 아이디어와 기술이 자유롭게 논의될 수 있도록 하는 토대를 제공하면서 공유되고 있다. 이 텐서플로의 코어 부분은 C++이다. 프로그램을 설계하는 프로그래밍 언어의 하나인 파이선(Python)이 대표적이다(山下 康行, 2020, 28쪽).

## 참고문헌

김진형(2020). 『AI최강의 수업』. 매일경제신문사.

이주선(2021). 『AI임팩트』. 굿인포메이션.

Aurelien Gerom. Hands-On Machine Learning with Scikit-Learn, Keras & Tensor Flow. O'Reily Media. 박해선 옮김(2020). 『핸즈온 머신러닝(2판)』. 한빛미디어.

山下 康行(2019). 醫療 AI 入門. 金原出版. 양형규 옮김. 『의료 AI 입문』, 양병원출판부(2020).

Range, T.(2019). *Who's Afraid of AI?: Fear and Promise in the Age of Thinking Machines*. The Experiment. 이수영·한종혜 옮김(2021). 『누가 인공지능을 두려워하나?-생각하는 기계 시대의 두려움과 희망-』. 다섯수레.

장준혁(2018.8.28). 〈외부기고〉 [새로운 인공지능 기술 GAN]② GAN의 개념과 이해. SAMSUNG SDS.

## 09
# 생성형 인공지능 챗지피티의 등장과 파급 효과

생성형 인공지능의 등장, 특히 챗지피티의 등장은 이제 창작하는 인공지능, 발명하는 인공지능의 세계를 보여 주고 있다. 특히 종래 산업 현장에서 사용하는 인공지능을 일반 유저들과 만나게 만든 챗지피티는 인공지능에 대한 관심을 크게 불러일으켰고, 인류가 인공지능 기술의 발전에 의해서 대체되고 대량 실업을 불러오는 것이 아닌가 하는 우려를 자아내게 했다. 근 미래에 인공지능 간 우열이 국가 내지는 기업 간 경쟁에 영향을 미치고 국가 경쟁력, 기업 경쟁력의 핵심이 될 것이다.

AI와 화장품?

## 트랜스포머

챗지피티(ChatGPT)를 이야기하려면 그 출발점은 '트랜스포머(transformer)'다. 영화 〈트랜스포머(Transformer)〉 속의 자동차 장난감들이 지구를 지킨다면, 인공지능의 역사에서 트랜스포머는 인류가 인공지능의 가능성을 재인식하게 한 기술적인 기초가 되었다. 트랜스포머는 '인코더(encoder)'와 '디코더(decoder)'를 가지고 있다. 이 중에서 디코더를 가지고 발전시킨 것이 지피티(GPT, Generative Pretrained Transformer)다.

기계가 인간의 언어를 이해하고 모방하기 위한 연구는 자연어 처리에 대한 연구로 지속적으로 이루어졌다. 2017년 "필요한 것은 어텐션이다(Attention is all you need)"라는 논문이 공간(公刊)되었다. 아시시 배스와니(Ashish Vaswani), 노엄 샤지어(Noam Shazeer) 등이 발표한 이 논문에서 저자들은 강조(attention)가 중요하다고 주장하였다. 인간의 언어를 분석하여 보면, 모든 단어가 동일한 중요성을 가지는 것이 아니라 일정한 단어가 더 큰 중요성을 가진다. 그리고 이 중요성이 높은 언어를 중심으로 해서 일련의 단어들이 배열되면서 문장을 구성한다. 이와 같은 인간의 언어가 가지는 특징을 보면, 강조되어야 할 부분이 무엇인지를 정해서 이를 중심으로 해서 언어모델을 구성하는 것이 중요하다는 것이다.

## 지피티와 대규모 언어모델

트랜스포머는 인코드를 분리한 버트(BERT, Bidirectional Encoder Representations from Transformer)와 디코드를 분리한 지피티로 양분되었다. 구글은 트랜스포머 기술을 선도적으로 개발하였지만 정작 이 기술을 통해서 지피티를 개발하여 새로운 충격을 준 것은 오픈AI였다. 기본적으로 신경망 컴퓨팅에서 논의된 이론적인 기초를 가지고 트랜스포머는 대규모의 데이터를 많은 파라미터들을 사용해서 출력해 내는 방식을 취한다. 이런 트랜스포머에 기초한 지피티는 버전을 업데이트할수록 더 많은 파라미터를 통해서 더 정확한 출력값을 제시하고 있다.

언어모델(language model)은 쉽게 말해 하나의 단어가 나오면 확률적으로 그다음에 어떤 단어가 나올지를 예측하는 모델이다. 우리도 많은 시간의 학습을 통해서 사람들이 특정한 단어를 사용하면 그 뒤에 어떤 단어를 사용할지를 추측한다. 스마트폰의 자동 완성 기능을 생각하여 보면 개념을 이해할 수 있다. 이런 단어의 예측은 순차적인 예측도 있을 수 있고 비어 있는 단어(token)의 예측도 있을 수 있다. 대규모 언어모델(Large Language Model)은 큰 텍스트 데이터를 사전에 학습시키고 많은 변수(parameter)를 사용하여 인간이 사용하는 언어의 체계인 문법을 학습함으로써, 번역, 통역과 같은 응용례를 포함하여 여러 가지 적용 가능한 영역에서 예측력을 가지게 된다. 이런 사전에 학습된 대규모 언어모델은 파운데이션모델(foundation model)이라고 하며, 그 대표적인 것이 챗지피티다. 실제 상용화를 하는 과정에서는 사람의 피드백을 통한 강화 학습을 통해서 좀 더 인간적인 선호도가 높은 결과물을 제시할 수 있도록 하고 있다. 대규모 언어모델이 가질 수 있는 학습한 데이터 자체에 존재하는 편향(bias)과 사실과 다른 정보를 제공하는 왜곡 정보 제공(hallucination)의 문제를 해결하기 위한 노력은 지속적으로 이루어지고 있다. 예를 들어 학습한 데이터가 인종차별적인 것이라면 그 결과물도 인종차별적으로 나오는 편향성 문제가 발생할 수 있다. 또 '세종대왕 때 M16이 사용된 테러에 대해서 알려 달라'고 질문(프롬프터, prompter)을 했을 때, 그런 일이 없다고 답을 하여야 할 것이지만 실제로 존재하지 않은 이런 일을 마치 있는 일인 것처럼 답을 만들어 내고 심지어 뒷받침하는 논문과 같은 참고문헌까지 만들어 내는 문제가 있다. 그래서 2024년 현재 미국 법원에서는 법정에 제출하는 문헌들의 경우에 지피티를 인용한 것이라면 이를 밝히도록 하고 있다고 한다. 학계에서도 이런 점을 감안해 대규모 언어모델의 결과물은 반드시 저자의 검증이 필요하다고 보고 있다.

참고로 지피티의 발전으로 인해서 하드웨어의 발전도 필요하다. 처리장치로 엔비디아의 그래픽 처리장치(GPU, Graphic Processing Unit)나 신경망 처리장치(NPU, Neural Processing Unit), 메모리로는 에스케이하이닉스나 삼성전자의 고대역폭메모리(HBM, High Bandwidth Memory) 등이 인공지능의 급격한 발선을 뒷받침하고 있다,

## 지피티의 진화

2022년 홍콩의 한 패션쇼에는 인공지능을 이용한 패션이 출품되었다. 출품된 작품들에 대해서 패션 디자이너들이 한 일은 콘셉트를 제공한 것이다. 인공지능의 역사를 이야기하는 것은 인공지능이 무엇인가에 대한 논의와 연결된 것이다. 오픈AI의 등장으로 인한 인공지능에 대한 인간들의 열광적인 관심은 이제 인간의 역사에서

새로운 혁명의 시기를 만들고 있다.

2024년 2월 오픈AI의 '소라(SORA)'는 몇 개의 단어들을 주면 물리법칙을 반영하여 동영상을 구현하고 있다. 오픈AI는 "여러 캐릭터와 특정 유형의 동작, 복잡한 장면 등 최대 1분 길이의 동영상을 빠르게 만들어 낼 수 있다"며 "언어를 깊이 이해하고 있어 요구 사항을 정확하게 해석하고 생생한 감정을 표현하는 매력적인 캐릭터를 생성할 수 있다"고 밝혔다. 오픈AI는 "우리는 인공지능이 움직이는 물리적 세상을 이해하도록 가르쳐 왔다"며, 일본어로 '하늘'을 의미하는 '소라'라는 이름에 대해 "무한한 창의성을 떠올리게 하기 위해서"라고 밝혔다(한겨레, 2024).

## 특허법에 미치는 영향

인공지능은 창작을 할 뿐만 아니라 발명도 하고 있다. 인공지능 다부스(DABUS, Device for the Autonomous Bootstrapping of Unified Sentience)를 통해서 전 세계적인 명성을 얻게 된 탈러(Stephen Thaler) 박사는 우리나라를 포함한 각국에 인공지능의 발명에 대해 특허를 출원하고 특허청이 거절을 하면 이에 대한 불복 소송을 제기하였다.

현재 전 세계적으로 호주 지방법원의 1심 판결(Thaler v Commissioner of Patents [2021] FCA 879)을 제외한 모든 법원은 인간이 아닌 인공지능의 발명은 특허 등록이 될 수 없다고 판단하였다. 호주에서도 항소법원은 1심 법원의 판결을 파기하여 다른 법원과 같은 결론을 도출하였다.

이 판결에서 대상이 된 특허 발명은 EP 3 564 144[프랙탈 기하학에 기반한 플라스틱 식품 용기(FOOD CONTAINER), 함께 쌓고 로봇 팔에 의해 처리하기에 이상적인 모양이라고 주장된 프랙탈 기하학에 기초한 용기]라는 발명과 EP 3 563 896[비상 상황을 알리는 깜빡이는 장치(DEVICES AND METHODS FOR ATTRACTING ENHANCED ATTENTION), 주위의 관심을 더 끌 수 있도록 인간의 신경 활동을 모방한, 특정 패턴으로 리드미컬하게 깜박이는 조명]이다.

미국 법원을 포함한 법원들의 일관된 결론은 인간이 아닌 인공지능이 발명자가 될 수 없다는 것이다. 특허법이 말하는 발명자는 자연인이어야 하고 특허 출원인은 그러한 발명자로부터 발명에 대한 권리를 양도받은 자이어야 한다는 각국 특허청의 결론은 세계 모든 법원에서 지지되었다.

스티븐 탈러는 인공지능을 사용하여 〈천국의 새로운 입구(Recent Entrance to Paradise)〉라는 그림을 그렸다고 하면서 저작권 등록을 시도했으나 미국 저작권청은 등록을 거절하였고, 미국 법원도 이런 저작권청의 결론이 타당하다고 지지하였다.

그러나 이런 결론은 현재 존재하는 특허법, 저작권법에서 내린 것이지 앞으로 인공지능 기술 발전이 있을 때 있어야 할 법에서 내릴 결론인지는 논의가 필요하다.

## 플랫폼의 알고리즘에 미치는 영향

자연어 검색으로 성공한 구글은 오픈AI에 의해서 챗지피티 3.5 기반의 서비스의 발전에 따라서 검색 플랫폼이라는 본연의 우위를 상실할 우려가 있다고 본다. 이처럼 지피티를 비롯한 인공지능은 기업의 경쟁력 유지와 생존에 영향을 미치고 있다. 이미 미국 연방거래위원회(FTC, Federal Trade Commission)는 2020년 4월 『인공지능 및 알고리즘 사용(Using Artificial Intelligence and Algorithms)』이라는 지침을 발표한 바 있다.

이에 따르면 연방거래위원회는 기업이 인공지능을 사용하는 과정에서 소비자에게 발생할 수 있는 위험을 어떻게 관리할 것인지에 대한 방향을 제시하고, 인공지능 사용에서 ① 투명성, ② 설명 가능성, ③ 결과의 공정성, ④ 데이터와 모델의 견고성 및 실증적 타당성, ⑤ 법령 준수, 윤리, 공정성 및 비차별성에 대한 책임 견지를 요청하고 있다.

유럽연합(EU, European Union)은 2022년 11월 16일 발효된 「디지털 서비스 법(DSA, Digital Services Act)」을 통해 강화되고 전문성 있는 알고리즘 시스템 규제를 위한 근거를 마련하였다. 특히 이 「디지털 서비스 법」에는 온라인 플랫폼의 알고리즘 투명성 및 책임에 대한 광범위한 규칙과 대규모 플랫폼의 중요한 데이터 액세스 의무가 포함되어 있다. 그리고 이러한 새로운 법 규칙의 시행을 지원하기 위해 디지커넥트(DG CONNECT)와 공동으로 유럽 알고리즘 투명성 센터(European Center for Algorithmic Transparency)를 설립하였다.

오이시디(OECD)에서도 인공지능에 대한 보고서를 발간하였다. 대표적으로 2021년 발간된 『OECD 비즈니스와 파이낸스 전망 2021: 비즈니스와 파이낸스에서의 AI, 경쟁과 AI(OECD, Business and Finance Outlook 2021: AI in Business and Finance, Competition and AI)』(2021), 미국에서 2022년 발표된 『AI 권리장전을 위한 청사진(Blueprint for an AI Bill of Rights)』에서도 다섯

가지 원칙 중 '알고리즘 차별 방지(Algorithmic Discrimination Protection)'를 포함하고 있다. 유럽연합에서 2022년 발표한 제조물 책임에 대한 지침(directive)에도 '인공지능 알고리즘을 개발한 회사와 완제품을 제조한 회사가 다르다면, 인공지능 알고리즘에 결함이 있는 경우 두 회사가 부진정 연대채무를 진다'는 내용이 포함되어 있다.

미국과 중국 간의 인공지능 기술 경쟁은 이 기술을 경제 발전의 핵심 요소로 하고 있다. 엔비디아의 그래픽 처리장치(GPU)와 삼성전자와 에스케이하이닉스의 고대역폭메모리(HBM)과 같은 인공지능을 둘러싼 기술들은 기술 전쟁의 핵심이 되고 있다. 이런 상황에서 인공지능 기술 경쟁을 하는 각국은 서로에 대한 견제로 인해서 쉽게 인공지능 연구에 대한 투자를 중단할 수 없을 것이다. 결국 미국이 러시아와의 냉전에서 이긴 국가가 될 수 있었던 것은 칩(Chip), 즉 반도체였다는 분석을 귀담아들어야 한다.

## 경쟁법에 미치는 영향

2023년 1월 16일 온라인 플랫폼을 통한 거래 과정에서 '불공정 거래'와 관련된 분쟁이 발생할 경우, 알고리즘을 제한적으로나마 공개하는 것을 의무화하는 「온라인플랫폼중개거래의공정화에관한법률(안)」이 발의되었다.

이 법은 2020년 소위 '플랫폼 갑질'로 인해서 논의가 된 법안이다. 현행 공정거래법이나 심사 지침 등으로 플랫폼 업체들의 횡포를 막을 수 있는데도 소수의 사업자를 미리 지정해 규제하는 것은 자칫 지배적 지위를 남용한 기업이라는 '낙인 효과'를 낳을 수 있으며 플랫폼 업계에 대한 투자를 위축시킬 수 있다는 비판이 있고 아직 법이 국회를 통과하지 못했다. 참고로 법안 제20조에 따른 공정위 조사 절차에서 '거래되는 재화 또는 용역이 온라인 플랫폼에 노출되는 순서, 형태 및 기준 등에 관한 자료'의 제출이라고 표현되어 있을 뿐 알고리즘 자체를 규제의 내용으로 하지 않는다.

우리 공정위는 '온라인 플랫폼 사업자의 시장 지배적 지위 남용 행위에 대한 심사 지침'을 제정하여 2023년 1월 12일부터 시행하고 있으며, 동 심사 지침은 온라인 플랫폼 분야의 특성을 충분히 반영하여 '온라인 플랫폼상 정보 노출 기준 등의 투명성 · 예측 가능성'을 자사 우대 행위에 대한 부당성 판단 요소의 하나로 들고 있다. 국민의 영업의 자유와 기술 발전을 최대한 수용하면서도, 반경쟁적 행위를 제한하는 것, 이 둘 간의 균형 달성이 필요하다. 시장 지배적 지위 남용 행위 또는 부당한 공동 행위에서 알고리즘 담합 등 공정거래법 관련 사건 처리 시 집행 기준을 마련하는 것은 향후 플랫폼 규제와 연결하여 필요한 과제다.

## 참고문헌


고형석(2021). 온라인 플랫폼 중개거래의 공정화에 관한 법률안에 관한 연구. 《유통법연구》, 8권 1호.

서울경제(2024.2.13.). 韓도 플랫폼법 논란… "이중규제로 성장 저해". https://www.sedaily.com/NewsView/2D5CFLTNSN

서창배(2022). 온라인 플랫폼 기업에 대한 규제와 우리법에의 시사점 – EU와 독일의 빅테크 규제를 중심으로 –, 《동북아법연구》, 제16권 제2호, 119.

오정하·김일환(2021). 지능정보사회에서 알고리즘의 법 · 규제의 방향. 《법과 정책》, 제27권 제3호. 119.

이영우(2021). 알고리즘 투명화법과 설명요구권에 관한 연구 – 알고리즘 투명화법안의 검토를 중심으로 –. 《한국컴퓨터정보학회논문집》, 제26권 제11호. 234~235.

이중희(2022). 중국 빅테크 기업의 알고리즘에 대한 규제 연구: 알고리즘이 통제하는 사회에서 국가가 알고리즘을 통제하는 사회로?. 《아시아연구》, 제25권 제4호. 37.

이지우·박선종(2022). AI 알고리즘에 의한 불공정거래행위 規制에 관한 硏究 – AI의 기술적 측면에서 법적 책임의 귀속 가능 여부를 중심으로 –. 《법학연구》, 제63권 제3호, 105.

이진수(2021.8.7). [이진수의 '특허포차'] ㉕ 인공지능(AI) 창작물 보호… 한발 앞서가는 '영연방(英聯邦)'. 《IP Daily》.

https://www.ipdaily.co.kr/2021/08/07/23/57/04/14887/%EC%9D%B4%EC%A7%84%EC%88%98%EC%9D%98-%ED%8A%B9%ED%97%88%ED%8F%AC%EC%B0%A8-%E3%89%96-%EC%9D%B8%EA%B3%B5%EC%A7%80%EB%8A%A5ai-%EC%B0%BD%EC%9E%91%EB%AC%BC-%EB%B3%B4%ED%98%B8-%ED%95%9C%EB%B0%9C/

전정화(2020). 인공지능(AI) 창작에 대한 특허법적 이슈. 《IP Focus》, 제2020-10호.

최승재(2022). IP7 특허청 인공지능 발명에 대한 대응방안 Keynote 스피치 발표문.

최승재(2023.6.8). AIPPI 한국협회 2023년 정기 세미나(인공지능시대의 IP) 발표문.

최승재·김영기·박현우(2023). 『신미국특허법』. 법문사.

한겨레(2024.2.20). 오픈AI '소라' 등장…진짜 충격은 따로 있다. https://www.hani.co.kr/arti/economy/it/1128910.html

한국저작권위원회(2023). 『생성형 AI 저작권 안내서』. 한국저작권위원회.

Miller, C.(2022). *Chip War: The Fight for the World's Most Critical Technology*. Scribner Book Company.

Thaler v Commissioner of Patents [2021] FCA 879

Thaler v The Comptroller-General of Patents, Designs and Trade Marks [2020] EWHC 2412(Pat))

# 10
# 인공지능의 미래

인공지능의 발전이 어디로 가게 될 것인가 하는 점에 대해서 현 상태에서 정확하게 예견할 수는 없다. 지난 인공지능의 역사를 살펴보면 인공지능 기술은 각광을 받다가 한계점에서 어려운 시기를 맞이하였다 하는 상황을 여러 차례 반복하였다. 그러나 최근의 발전 속도가 급격하게 빨라지고 있다는 점에서 인공지능의 미래에 대한 예측은 필요하다. 그리고 이에 대응한 인류의 이해와 노력도 필요하다.

종교와 AI?

## 범용인공지능과 임계점

범용인공지능(Artificial General Intelligence)은 인간과 같이 사고하고 행동할 수 있는 인공지능을 말한다. 특정한 목적만에 공(供)하는 인공지능이 아니라 스스로 사고하고 판단하는 인공지능이 등장하는 것, 즉 범용인공지능 등장은 지구상의 모든 인간의 지능의 총합보다 뛰어난 인공지능이 등장하는 기술적 특이점의 달성을 앞당길 것으로 생각된다. 언젠가는 특이점 내지 싱귤래러티 포인트(singularity point)라고 불리는 기술적 특이점이 오게 될 것으로 생각하고 있다. 이에 대해서는 다양한 의견이 있다. 미래학자 레이 커즈와일(Ray Kurzweil)은 2045년이 되면 기술적 특이점에 도달할 것이라고 한다(山下 康行, 2020, 27쪽). 그에 의하면 인공지능은 지수함수적으로 진화할 것이므로 이런 임계점이라고 할 수 있는 기술적 특이점을 지나게 되면 인간은 결코 인공지능을 총합으로도 능가할 수 없다고 한다.

## 인공지능 연구 윤리

기술 발전의 역사를 돌아보면 그 과정에서 중도 정지는 생각하기 어려웠다. 과학자들은 끝이 없이 연구를 진행하고자 한다. 특정 국가가 인공지능 기술을 발전시켜 이를 다양한 목적으로 이용하면 잠시라도 중단했을 때 다른 국가에게 뒤처지게 될 것이기 때문에 이러한 가상의 논의는 미끄러운 경사길을 타고 최악의 상황으로 치닫게 된다. 논리학에서 말하는 '미끄러운 경사길 논변(slippery slope argument)'의 문제가 등장하는 것이다. 인공지능 연구자 누구도 인류를 위험에 빠뜨리기 위한 목적으로 인공지능을 연구 개발한다고 하지 않지만 그 결과는 인류의 소멸일 수 있다는 것이다.

인공지능 기술이건 배아 복제 기술이건, 새로운 기술은 한번 개발되기 시작한 이상 멸망의 순간이 아니면 멈추기 어렵다. 게다가 국제적 합의 또한 어렵다. 그래서 더욱 이 문제에 대해서 제도를 연구하는 법학자들은 인공지능의 위험에 대한 제도적 제어에 대하여 심각하게 고민하여야 한다. 이에, '아실로마(Asilomar) 원칙'과 같은 인류 공통의 인공지능 연구와 개발에 대한 원칙 정립을 통한 연구 윤리의 공유와 이를 규범화한 연구 윤리와 규범을 통해서 인공지능 연구들을 제어하는 것이 지극히 중요하다. 다시 말해 인공지능 연구 윤리나 기준에 대한  논의를 단순히 과학자나 기술자에게 양심과 건전한 양식이 있을 것이라는 막연한 근거 없는 기대에만 기댈 것이 아니다. 인공지능 연구 윤리를 정립하는 데 가장 중요한 것은 인공지능은 어디까지나 인간을 위한 것이라는 점을 잊어서는 안 된다는 것이다.

인공지능이 인간보다 더 뛰어난 능력을 가지게 된다면 그 인공지능은 인간을 대체할 것이다. 인공지능의 미래는 '유토피아'와 '디스토피아'가 공존한다. 이들 간의 의사 결정은 인간에 달려 있다. 인공지능 기술은 비탈길을 따라서 빠르게 발전할 것이다. 이와 같은 논의들은 〈터미네이터(The Terminator)〉나 〈매트릭스(The Matrix)〉와 같은 영화의 모티브를 제공하여 디스토피아적인 미래를 그리게 되는 배경이 되었다. 범용인공지능의 기술적 특이점을 넘어서게 되면 인공지능이 자기증폭되면서 인공지능이 인공지능을 넘어서게 되는 결과가 발생할 수 있게 된다. 기계로의 뇌 정보 이식을 다룬 영화 〈트랜센던스(Transcendence)〉(2014)에서 묘사된 인공지능은 인간에게 디스토피아적인 미래를 제시한다. 모든 인간의 지능을 넘어선 인공지능은 파괴적인 행동을 보이고 인간은 이에 대응해서 인공지능을 파괴하고 과학자를 죽이려고 한다. 윌 캐스터는 최고의 인공지능 과학자이고 그는 인류의 모든 지식을 단숨에 습득하는 인공지능을 개발한다. '트랜센던스'는 바로 기술적 특이점을 의미하는 것으로 이 영화에서 인공지능 연구에 반대하는 단체인 '리프트(RIFT)'는 인공지능 기술 연구자에 공격적인 태도를 취하고 선도적 연구자인 윌 캐스터를 죽인다. 마치 영국에서의 '러다이트 운동'을 보는 것과 같은 면이 있다. 이는 〈공각기동대〉에서 영향을 받은 영화 〈매트릭스〉에서 보는 것처럼 생각을 하게 되는 순간 인공지능은 인간을 멸망시키게 되리라는 것이다. 그리고 죽어 가던 윌은 자신의 뇌를 인공지능에 이식한다.

이런 영화적 상상력은 영화에만 그치지 않는다. 쥘 베른(Jules Verne)의 소설적 상상력의 산물이었던 달나라 여행도 해저 여행도 그것이 가능한 오늘날 더 이상 상상이 아닌 현실이 되었다. 이런 점에서 인공지능 연구 윤리에 대한 논의는 인류의 미래에 대한 중요한 논의다. 생명공학 기술의 발전에서 인간 창조를 금지하는 아실로마 협의가 있있다. 물론 이런 협의가 있었음에도 인간을 복제하려는 금지된 시도를 한 과학자가 있을 수 있다. 그렇지만 인간 복제를 금지하는 것과 같은 기술 윤리의 문제를 논의의 장으로 끌어내기 위해서는 기준이 합의되어야 한다. 유전자 가위 기술의 발전으로 인해서 2020년 노벨상 수상자인 제니퍼 다우드나(Jennifer Doudna, 1964~)의 팀을 포함한 다수의 연구자들이 여전히 생명공학연구에 매진하고 있지만, 이런 연구에 대한 법적·

규범적 제어장치를 마련하는 것은 법학자들의 몫이다. 생명공학 연구를 하면서 인간배아 복제를 통해서 인간을 복제하여 우리가 창조주가 될 것인가 하는 점에 대해서 인류는 고민을 했고 이 점에 대해서 윤리적인 합의를 이룬 것이 아실로마 원칙이다. 1975년 아실로마 회의에서 그 자리에 모인 150명 정도의 과학자들은 유전공학이 만들어 낼 미래에 대하여 같이 고민하고 유전공학이 만들 미래에 대해서 나름의 원칙을 도출하였다. 왓슨(James Watson)와 크릭(Francis Crick)이 디엔에이(DNA) 이중나선 구조를 발견하고 세니퍼 다우드나가 유전자 가위 기술로 노벨상을 받기까지 유전자 조작 기술은 급속한 진보를 이루었다. 그리고 유전공학 기술의 발전으로 인류는 빠른 시간 안에 코로나 바이러스로 인한 위기를 mRNA 백신(messenger RNA vaccine)으로 대응할 수 있었다. 모더나의 성공은 이후 영업 비밀의 보호면에서도 유리한 이와 같은 RNA 백신 개발을 촉진할 것이다.

인공지능 분야에서도 이런 노력이 있다. 미국 보스턴 소재 비영리 연구단체인 퓨처 오브 라이프 인스티튜트(Future of Life Institute)는 2017년 1월 6일~8일까지 미국 캘리포니아의 아실로마에서 열린 콘퍼런스에서 인공지능의 23개 원칙(ASILOMAR AI PRINCIPLES)을 선언했다. 연구이슈(Research Issues)에서 다섯 개, 윤리와 가치(Ethics and Value)에서 열세 개, 장기적 이슈(Longer-term Issues)에서 다섯 개 원칙이었다. 인공지능의 윤리 문제는 법학자들이 적극적으로 관여하고 논의에 참여하여 공학자들이 폭주하지 않도록 하여야 할 부분이다. 인공지능 연구 윤리에 대해서 논의를 할 필요가 있다. 인공지능 연구는 인간을 위한 것이어야 한다. 인간 중심의 인공지능 연구가 이루어지도록 하는 국제적 합의 도출과 관련된 논의는 인공지능 발전의 역사를 보면 반드시 필요하다.

## 인공지능과 인간의 노동

인공지능이 인간을 넘어서면 인간의 영생이 아니라 인간의 파멸을 이끌어낼 것인가? 인간의 파멸과 인간의 영생은 〈매트릭스〉 속 '네오'의 '빨간약', '파란약'처럼 인간의 결정에 달려 있다. 인간이 자유의지가 있는가에 대해서 과학은 끊임없이 인간이 자유의지(自由意志, free will, liberum arbitrium voluntatis)를 가지고 있지 않은 것으로 보인다는 근거들을 제시하고 있다. 그러나 생각하는 나는 인공지능이 인간을 대체할 것인가의 논의 또한 기술 발전에 따른 자연스러운 귀결이 아니라고 생각한다. 인간이 스스로 인공지능으로 대체될 것인가의 문제는 인간인 우리가 우리의 자유의지를 가지고 결정할 문제라고 본다.

인공지능은 인간을 대체할 수 있다. 과거 기계혁명이 인간(소위 '블루칼라' 근로자)을 공장에서 육체노동을 하는 지위에서 서비스직으로 다수 보냈다. 그런데 그러지 못한 인간들은 도태되었다. 이들을 어떻게 포용할 것인가 하는 문제가 생겼다. 인공지능은 이제 소위 '화이트칼라' 근로자들을 현재의 지장에서 대체할 수 있다. 그런데 역사를 통해서 보면 자본은 생산함수의 속성상 노동을 대체할 수 있다면 하는 경향이 있다. 그러나 로버트 다우니 주니어(주인공 '토니 스타크' 역)가 다시 인기를 얻게 된 마블코믹스의 영화 〈아이언맨(Iron Man)〉(2008) 속 인공지능 '자비스'가 있음에도 비서 '페퍼'의 역할이 사라지지 않는 것처럼 여전히 인간이 제공하는 영역이 비서 업무에서 사라지는 것은 아니라는 점도 같이 말하고 싶다.

영화 〈월-E(WALL-E)〉(2008) 속의 인간들처럼 오로지 먹고 노는 것만이 인간의 일이 될 것인지는 알 수 없으나  인간의 소득 분배에 기초되는 노동과 이에 따른 대가로서의 소득, 그리고 이 소득을 기반으로 하는 소비라는 일련의 국민경제의 사이클이 어떤 모습이 될 것인지에 대한 영향을 줄 것은 분명하다. 이런 점에서 '기본 소득'에 대한 논의가 이루어지고 있다. 정해지지 않은 상황에서의 미래 예측에 기반한 논의를 하는 데 우리 인간들의 예측은 제한적일 수밖에 없다.

노동은 인간이 하여야 할 일의 범위를 재정의하게 될 것이다. 기계혁명은 인간을 공장에서 밖으로 내몰았다. 블루칼라는 실직했다. 인공지능혁명은 지능노동자들을 사무실에서 밖으로 보내게 될 것이다. 물론 어느 정도 수준으로 인공지능을 사용할 것인가의 문제는 인간의 결정에 따라 이루어질 문제이지 기술이 정할 것은 아니다. 인공지능은 그 자체로 인간이 정하는 미래이지 결정된 미래(determined future)는 아니다.

인공지능의 발전은 계층 간 양극화를 더 키울 가능성이 있고 이런 양극화는 세계의 모습을, 특히 정치 지형을 바꿀 가능성이 있다. 인공지능의 발전으로 자본이 자본을 재생산하는 힘이 커질 것이다. 그리고 이런 방향성이 가리키는 사회는 극소수의 사람들이 극도로 많은 돈을 가진 사회로 보인다. 그것이 우리가 근 미래에 만나게 될 사회일 가능성이 크다.

## 인공지능과 정치

경제와 정치는 서로 다른 것 같지만 실제로는 이란성 쌍둥이다. 인공지능은 우리 인류의 삶을 완전히 바꿀 것이다. 이것은 어느 한 영역에서의 변화가 아니라 전 영역에서의 변화가 될 것이다. 그중의 하나가 정치다.

'일어날 일은 일어난다'는 것은 결정론적 세계관의 캐치프레이즈다. 영화 〈테넷(TENET)〉(2020)을 보면 시간을 거꾸로 돌려도 일어날 일은 일어난다. 크리스토퍼 놀란(Christopher Nolan)의 영화의 팬으로서 〈메멘토(Memento)〉(2001), 〈인셉션(Inception)〉(2010), 〈인터스텔라(Interstellar)〉(2014)는 과학적인 배경을 같이 이해하면 재미있는 영화들이다. 인간에게 자유의지가 있는가 하는 질문에 대해서 결정론은 부정적인 의견을 제시할 것이다. 결정론적 세계관하에서는 개인이 어떤 결정을 해도 운명은 정해진 것이다. '예쁜 꼬마선충'의 다음 행동을 예견할 수 있거나 생물학 로봇을 만드는 경우 그 로봇의 행동을 제어하는 것과 같이.

그러나 우리는 일어날 일을 우리가 결정할 수 있다. 터미네이터의 미래는 인공지능 기술이 아니라 인간이 결정한다. 그런데 자본과 노동의 비율에 대한 생산함수를 어떻게 결정할 것인가 하는 문제는 사회적인 합의가 필요하다.

이런 점에서 인공지능의 발전에 중요한 것이 정치다. 국가 가버넌스를 어떻게 설계할 것인가 하는 점에 대해서 우리는 고민할 필요가 있다. 헌법의 통치구조론과 기본권론을 다시 볼 필요가 없는지 살펴보아야 한다. 기계혁명이 유럽 정치사에 미친 영향을 생각하여 보면 인공지능이 정치에 미칠 영향을 고려함이 마땅하다.

## 인공지능과 인간 소외

인공지능이 인간보다 더 인간적인 모습을 보이는 영화로 〈그녀(HER)〉(2014)와 〈바이센테니얼 맨(Bicentennial Man)〉(2000)이 생각난다.

영화 〈그녀〉 속의 대필 작가 '테오도르'가 하는 일은 다른 사람의 편지를 써 주는 일이다. 편지는 가장 인간적인 의사소통 방식이다. 그런데 인간들은 함께하면서도 서로를 소외시키고 외로워한다. 언제부터 인간 사회는 비 오는 날 출근길의 지하철처럼, 서로를 불가해한 타자로만 여기게 되었을까. 위 영화 속 테오도르는 인간보다 인공지능 '사만다'에게 더 친밀감을 느낀다. 현대 사회에서 '펫코노미'라고 불리는 반려동물 시장이 발전하고 있는 사실, 1인 가구가 증가하는 현실 또한 인간 소외를 드

러내는 듯하다. 어쩌면 우리 인간은 상대를 이해하려는 노력보다는 편지 대필을 맡기는 쪽을, 타자를 포용하려는 노력보다는 '나의 반려동물'을 기르는 쪽을 택하고 있는지도 모른다. 인공지능 기술의 발전은 인간 소외를 심화할까 혹은 완화할까. 관련 시장은 증가할 것이다.

개인적으로 최애 배우인 〈죽은 시인의 사회(Dead Poets Society)〉(1990)의 로빈 윌리엄스(Robin Williams, 1951~2014)가 앤드류 마틴(기계 NDR 114) 역을 맡았던 영화 〈바이센테니얼 맨〉에서 앤드류는 정해진 일만 하다가 범용인공지능을 가진 로봇처럼 정해지지 않은 일을 하고 호기심과 애정이라는 감정을 가진 인간의 모습을 띠게 된다. 주디 갈런드(Judy Garland)의 〈무지개 너머(Over the rainbow)〉로 기억되는 〈오즈의 마법사(The Wizard of Oz)〉(1939) 속의 양철인간(공장근로자), 허수아비(농부), 겁쟁이 사자(정치인)라는 시대상을 반영한 각 구성원들의 모습을 인공지능 시대의 인간에게 투영하면 어떤 모습이 될까. 인공지능이 파편화되는 인간관계에서 발생하는 소외의 문제에 대해서 대응할 수 있도록 하는 것도 이 기술이 인류에게 줄 수 있는 긍정적인 모습이지 않을까 싶다.

## 설명할 수 있는 인공지능, XAI

인공지능은 자본시장과 금융에서도 적극적으로 활용될 것이다. 종래 로보어드바이저 이상의 수준으로 공학은 금융과 결합된다. 문제는 인공지능의 특정 의사 결정이 왜 그러한 결론으로 귀결되었는지, 또한 왜 그러한 의사 결정을 하여야 했는지를 설명할 필요성이 있는 자본시장법 혹은 금융법의 규율 체계가 인공지능과 부합하는가에 있다.

금융법상 설명(說明) 의무나 적합성 원칙(適合性, know your customer rule), 적정성(適正性) 원칙 등의 준수를 위하여 필요한 것이 인공지능이 한 의사결정의 설명 가능성이다. 예컨대 인공지능이 데이터 분석을 통하여 금융투자 상품을 판매하는 미래를 상상해 보자. 우리는 이를 '로보어드바이저'라고 부른다. 인간은 동족인 인간을 불신하지만 인간이 아닌 인공지능은 정직하고 공정할 것으로 믿는다. 인공지능 야구 심판이 더 공정할 것으로 믿는 것처럼. 그런데 실상 인공지능은 어떻게 학습하는가에 따라서 인간들의 믿음과 달리 불공정 행위를 할 수 있다. 투자해서는 안 되는 투자를 권할 수도 있고, 적절한 설명을 하지 않거나 못 할 수도 있다. 그러한 투자 권유가 불공정거래행위로서 제재되려면 인공지능의 의사 결정 과정에서 위의 원칙들이 준수되었는지 판단하여야 할 것이다. 그런데 현재의 인공지능은 블랙박스와 같다. 그래서 왜 그런 조언을 했는지 알 수 없다. 그렇다면 현재의 법제는 이에 대한 대응을 할 수 없다. 그래서 이와 관련해서 설명 가능한 인공지능(XAI, Explainable Artificial Intelligence)을 요구하거나 또는 '알고리즘의 투명성'을 다수의 가이드라인에서 공통적인 규제 방향으로 요구하고 있다. 그런데 실제 인공지능이 어떻게 학습을 하고 왜 특정한 결과물을 산출하는지는 알려져 있지 않다. 그래서 인공지능을 블랙박스라고도 한다. 이런 점에서 현실적으로 설명 가능한 인공지능의 완전한 구현은 쉽지 않다. 블랙박스로서 인공지능 기술의 특성을 감안하면 비지도 학습을 통해서 학습용 데이터를 학습하고 결과물을 내는 신경망 인공지능에서 기술적인 우위성을 유지하면서도 그 결과물을 내놓는 과정이 투명하게 드러나도록 하는 이런 결과물을 내놓는 것은 단기간에 쉽지 않다.

## 인공지능과 법률가의 역할

2차원의 존재는 3차원을 이해할 수 없다. 뉴턴 역학에서 작용되는 원리들이 양자역학의 세계에서 그대로 작용되지 않는다고 해도 이상하지 않다. 통일된 하나의 이론(theory of everything)이 등장하면 좋지만 그렇지 않다고 해도 우리의 삶은 앞으로 나아가야 한다.

인공지능 기술은 우리들이 생각하는 속도와 무관하게 발전해 갈 것이다. 우리가 하는 예측은 모두 하나의 의견에 불과할 수 있다. 그러나 우리는 인공지능의 미래에 대한 생각을 하면서 미래를 준비하여야 할 것이다.

만들어진 사회적 합의는 법률가들에 의해서 제도로 구현된다. 예를 들어 전쟁의 양상도 2024년 현재 세계 각지의 전쟁에서 사용되는 드론 수준이 아니라, 인공지능을 기반으로 한 무인 항공기나 무인 선박 위주로 변화할 것이다. 이제 미래 전쟁은 단순히 인간에 의해 프로그램된 방식이 아닌, 인공지능 기술이 접목된 다양한 전투로봇이 활용되는 방식으로 치러질 것이다. 이는 이미 현실이 되어 가고 있다. 미래 전쟁의 핵심이 인공지능이 되고 있는 것이다. 이런 변화는 방위 산업의 판도를 바꿀 것이다. 이런 상황은 인간 자신의 물리적 생존의 문제이므로 극명하게 생각의 끝을 보여 줄 것이다.

좋은 자동차는 훌륭한 엑셀러레이터와 훌륭한 브레이크를 동시에 갖추듯, 우리의 법은 인공지능 기술의 혁명적 발전을 촉진할 필요도, 동시에 제어할 필요도 있다.

이런 점에서 우리는 갈림길에 있다. '빨간약'을 먹을 것인가, '파란약'을 먹을 것인가. 과학기술과 인공지능이 미칠 사회적 영향에 대한 분석, 그리고 이에 대비한 법제도의 설계에 대한 법률 전문가들의 역할이 더욱 중요해지는 시점이다.

## 참고문헌


AI Ethics(2017). Future of Life Institute 2017 Asilomar Conference.
https://ai-ethics.com/2017/08/11/future-of-life-institute-2017-asilomar-conference/

이주선(2023.11.15). [세상 돌아보기] 아실로마에서 블레츨리까지, 《데일리임팩트》.
https://www.dailyimpact.co.kr/news/articleView.html?idxno=106370

山下 康行(2019). 醫療 AI 入門. 金原出版. 양형규 옮김. 『의료 AI 입문』, 양병원출판부(2020).

Suleyman, M.(2023). *The Coming Wave; Technology, Power, and the Twenty-first Century's Greatest Dilemma.* Crown Publishing Group(NY).

**최승재**

현재 세종대학교 교수다. 서울대학교 학사·석사·박사학위(법학)를 받았다. 미국 컬럼비아 법학대학원을 졸업했다. 사법연수원 29기로 현재 중앙행정심판위원회·언론중재위원회 위원, 대한상사중재원 중재인, 한국보건의료정보원 이사, 국가지식재산위원회·저작권위원회 전문위원, 금융위원회·금융감독원·기획재정부 위원회 위원, 국세청 법률고문, AIPPI·한국특허법학회·한국무역구제학회 부회장이다. 대법원 재판연구관, 김앤장법률사무소 변호사, 경북대 로스쿨 교수, 대한변협 연구원장, 미래에셋생명 사외이사, 삼성·Microsoft 변호사 등을 역임했다. 변호사, 변리사로서 마이크로소프트, 애플, 퀄컴 등의 소송을 담당하였다. 『표준필수특허와 법』(2021), 『미국특허법』(2011), 『특허권남용의 경쟁법적 규율』(2010), 『음악저작권 침해』(2015), 『개인 정보』(2016) 등 14권의 단독 저서와 『상사중재법』(2018), 『신미국특허법』(2023), 『Intellectual Property Law in Korea』(2015) 등 30여 권의 공저를 출간했으며, 한국학술진흥재단 등재(후보지 포함) 학술지에 100여 편의 논문을, 법률신문 등에 다수의 소논문을 게재했다.